Hermann Wächter

Schwäbisches Wörterbüchle

Mundartwörter von A bis Z

Sprichwörter und Redensarten aus Bayerisch-Schwaben

Franz Brack Verlag, Altusried

INHALT

Umschlaggestaltung: Heinz Schubert
Texterfassung: Gabriele Schwarzbart
ISBN 3-930323-27-3
1. Auflage

Zugspitzstraße 2a, 87452 Altusried
Telefon 0 83 73 / 92 05 - 20

VORWORT

Zur Heimat gehört auch die Sprache, die unverwechselbare Mundart. Sie gehört so selbstverständlich dazu wie Berge, Flüsse, Wälder und Seen. Mundart, das ist Wärme, Nähe, Klang, Geborgenheit, ein Stück Wohlbefinden im Aufgehobensein. Nach einer Umfrage sind 93% der Bundesbürger dafür, daß man Mundart pflegt. Sie unterstreiche die Persönlichkeit, drücke Gefühl und Eigenheit aus, bringe Abwechslung in die Kommunikation, wirke heilsam gegen Streß – und stelle heute kein Bildungshindernis mehr dar. Auch im Schulunterricht hat die heimische Mundart erfeulicherweise wieder ihren festen Platz. Den Dialekt zu zelebrieren ist jedoch ebenso unsinig wie ihn zu verleugnen. Unbestritten ist Mundart ererbter Reichtum, der zudem Farbe in die Sprache bringt. Kein Geringerer als Geheimrat Goethe meinte schon: „Der Dialekt ist das Element, aus dem die Seele ihren Atem schöpft." Und für Martin Walser, den Friedenspreisträger des Deutschen Buchhandels, ist der Dialekt „die Goldwährung der Sprache".
Das Schwäbisch gibt es allerdings ebensowenig wie einen einheitlichen oberbayerischen oder fränkischen Dialekt. In Bayerisch-Schwaben, also vom Rieser Bekken über die sanften Hügel Mittelschwabens, bis hin zu den Gipfeln der Allgäuer Alpen, ist ein rundes Dutzend verschiedener Schwäbisch auszumachen. Natürlich gibt es viel mehr, nicht selten ist der Dialekt von Dorf zu

Dorf verschieden, aber man kann von etwa zwölf Idiomen mit deutlichen regionalen Unterschieden ausgehen. Es ist ja auch klar, daß ein Nördlinger im Ries anders schwätzt als ein Kemptener im Allgäu. Daneben sind auch Unterschiede in der Klangfärbung: vom eher „schlanken" Rieserisch über das etwas breitere Mittelschwäbisch bis hin zum allgäuerisch gehärteten Schwäbisch.

Manche Mundartwörter, die für unsere Vorfahren noch zum selbstverständlichen Sprachgut gehörten, sagen Jüngeren oft schon gar nichts mehr. Der Eingriff in die mundartliche Substanz ist allerorten spürbar. Die Gründe dafür sind vielfältig. Sie sind im wirtschaftlichen und sozialen Strukturwandel, der zunehmenden Technisierung in vielen Bereichen ebenso zu suchen wie im Wandel Bayerns vom Agrar- hin zum Industriestaat und nicht zuletzt in der Abnahme des Bauernstandes, früher wichtiger Träger der Mundart. Heute hat die Schriftsprache viele Mundartausdrücke verdrängt. Eine Anmerkung sei gestattet: Mancher wird sich vielleicht über die etwas eigenwillige Schreibweise beim einen oder anderen Mundartwort wundern. Es darf jedoch daran erinnert werden, daß schon vor über hundert Jahren die Mundartautoren Franz Keller und Hyazinth Wäckerle in heiterer dichterischer „Fehde" lagen, weil sie sich über die Schreibweise der Mundart nicht einigen konnten. Während nämlich der eine der Meinung war, Mundart könne man überhaupt nicht schreiben,

gab der andere einer eher lautgetreuen Schreibweise den Vorzug. Und diese wiederum ist im Ries naturgemäß eine andere als in Mittelschwaben oder dem Allgäu.
Im zweiten Teil des Bändchens sollen Sprichwörter und Redensarten zu ihrem Recht kommen. Manche tun sie mit einem Schmunzeln ab. Aber bei genauerem Hinsehen entdeckt man, daß in ihnen neben waschechtem Humor oft auch eine gehörige Portion Lebensweisheit steckt und sie nicht selten haargenau den berühmten „Nagel auf den Kopf treffen“.
Wenn dieses Büchlein mit dazu beiträgt, einige Mundartwörter, Sprichwörter und Redensarten vor der Vergessenheit zu bewahren, und darüber hinaus als kleines „Nachschlagewerk“ hilfreich ist, hat es seinen Zweck erfüllt.

Und nun viel Freude bei der Lektüre vom „Schwäbischen Wörterbüchle“!

Ihr

Mundartwörter und ihre Bedeutung

A

Aala	Liebkosung
abandla	eine Liebschaft anknüpfen
abeiga	aufschichten (Holz)
abel no	immer noch
abhäldig	nach abwärts geneigt
abhanda komma	nicht mehr auffindbar (sein)
abhöba	allmählich
abuffa	anstoßen, anrempeln
Achter	alter Bauerntanz
adoa	antun, jemandem etwas antun, auch: einkleiden, anziehen
ächra	Ähren lesen
Ähla, Ähnla	Großvater
Ährat	Kornernte
Äsche	Asche
äschra	Asche aufs Haupt streuen
äschtimiera	würdigen, anerkennen
äzga	ächzen
afange	endlich einmal
afoila	anpreisen

Agat	Agathe
agea	angeben, auch: sich wichtig machen, prahlen, aufschneiden
Agwand	Abgrenzung, Längsseite eines Ackers
ahaua	davonlaufen
aheba	anfangen, anhalten, auch: endlich, allmählich
Ahnle	Großmutter
aiga	streng anschauen
Aiß	Geschwür (eitriges)
Aklopfat	Neujahrstrinkgeld
akrat	ausgerechnet, auch: präzise, genau
alanga	angreifen
allamaul, allhui	jedesmal, ständig, jeden Augenblick
allat, allawei(l)	immer, jederzeit
allaweag	verschieden, unterschiedlich
allaubats	jeden Abend
allbot(t)	häufig, immerzu, ständig
all Dauma lang	oftmals
alleräascht	(zu)allererst
all Hennaschaiß	dauernd
alloi, alloing	allein
allsand	alle zusammen
allts, allz	alles, auch: alle (Leute)
aloina	anlehnen

alte Hutzl	Frau mit vielen Falten
aluxa	abschauen
amacha	gelüsten
amächelig	anziehend, sich heranmachend
amaula	anmalen, abmalen
amend	vielleicht, womöglich, schließlich
amenta	anfluchen
amietig	anmutig (mit einem Stich ins Süßliche)
amoora	Gesicht, Körper abwaschen
anaga	anknabbern
anander, anand	(an)einander
and	bange
Andätele	Flecken, Makel
Angla	Grannen, Ährenspitzen, holzige Abfälle beim Brechen von Hanf/Flachs
Anka	Nacken
annodazumal	vor langer Zeit
aoper	schneefrei, offen
apacka	angreifen
apassa	auflauern
applausa	applaudieren
Aprillabutza	Eis- und Schneeregen im April
Aprillanarr	in den April Geschickter
Ara	Arm
arackra	abmühen

araisa	abreisen
arauma	abräumen
areißa	abbrechen
asat, aset	durchaus, sowieso, uneingeschränkt
aschliafa	anziehen
aschnauza	anschreien, schimpfen
Aschr	Esche
Aschermigde	Aschermittwoch
aschaffa	anordnen, beschaffen
aspeia	anspucken
astöllig	anstellig, alles Mögliche und Unmögliche anstellend
Aubat, Obad	Abend
aufgabla	auftreiben
aufhausig	verschwenderisch, großtuerisch
aufklauba	aufheben
Auf(e)r	Afra
Aumed	Grummet, zweiter Schnitt auf den Wiesen
aumlig	langweilig, fad, unentschlossen
ausbächala	vollends ausschlafen, nachdösen, langsam aufwachen
ausgruaba	ausruhen
ausgschämt	unverschämt, schamlos
ausgschmiert	nicht Wort gehalten habend

aushöldera	aushöhlen
ausklauba	auslesen
Auslag	Schaufenster
ausniese	naseweis sein
ausrichte	Übles nachsagen über jemanden
aussäckla	Taschen aussuchen
ausstaffiera	herausputzen
Austrag(bauer)	Bauer, der den Hof übergeben hat und in „Rente“ im Austraghäusle wohnt
Auzga	Gejammer
Avakat	Advokat, Rechtsanwalt
Awand	Ackerrain

B

Babbadeckl	Karton
babbla	schwätzen
Babett	Barbara
Babl	Puppe
babla	kleben
bacha	backen
Bacheler	schwerfälliger Mensch
Bachl	simple, ungeschickte Frauensperson
Bachschneider	Wasserjungfer, Libelle
Bachstoikäs	Käsesorte, heute Limburger

Backa	Wangen
Badr	Heilgehilfe, Barbier, Friseur
Bäasa	Besen
bäbba	kleben
Bäbel	Barbara
bäbra	schwatzen, unablässig reden
bägere	hadern, sich zanken
Bära	Barren, Viehtrog
Bäradreck	Lakritze
Bäs	Base, Verwandte
bäschtla	basteln
bässala	lauern
bätscha	patschen, klatschen, auch: verraten
Bätsch	Denunziantin
Bätschla	Hausschühlein
baff	verblüfft, überrascht, sprachlos
bafuaß	barfüßig
Bagasch	Gesindel
Bagginger	Schlüsselblume, Primel
Bai, Boi	inneres Fenster, Sims
Baitz	Lust
balga	herumtollen
Baltes	Balthasar
Bandlogga	lange Ohrringe

Bandsch	ein Klaps, leichte körperliche Züchtigung
banggla	unnachgiebiges Anjammern
bantscha	Milch wässern
Banza, Bonza	Fässer
Baotscha	Hausschuh aus Stoff, Pantoffel, auch: spöttische Bezeichnung für ungeschickte Frauensperson
Bara	Futterbarren
Barchat	Inlett, Bettzeug
barchatroat	inlettrot
Bardengala	Schlüsselblumen, Primeln
baschta	genug
Baschtl	Sebastian
Batschele	Dummerle
batschla	reden über andere
Batschlach	Pfütze
Batza	alte bayerische Münze, 4 Kreuzer, 12 Pfennige
Bauball, Baubäll	Ball, Kinderbälle
bauballa	Ball spielen
Baubutza	Bauchnabel
Baule	Kater
Bauna	erhöhter Lagerboden, auch: Zwischenboden in Scheunen

Bauratrampl	ungebildete Frau
Bauza	Kartoffelnudeln mit Mehl
Bearala	Perlen
beas	böse, wehe, z.B. beasa Hand
Beasamreis	Besenreisig
Beasem	Besen
beata	beten
Beaterling	Petersilie
beatig	scheinheilig, frömmelnd
Beatläuta	Ave-Maria-Läuten, Gebetläuten
Beatnoggl	übereifrige Kirchenbesucherin
Beazla	kleine Reisigbüschel
Bebbala	Kügelchen
becka	picken, hacken
befzga, bemsa	kläffen, Gebell eines kleinen Hundes, auch: dauernd schimpfen
beggela	ein bißchen
begla	bügeln
Beichl	Beil, Axt
beiga(n)	aufschichten
beileib	ungefähr
beisa	jucken
beischtig	widerspenstig, eigensinnig
Beiß	Juckreiz
beita	leihen

beitla	rütteln, prügeln, auch: stark frieren
bemsa	nörgeln, schimpfen
Bemsala	kleiner Pinsel
Bemsel am Huet	Gamsbart
Bendl	Band
Bengala	liebenswerte Lausbuben
Beni	Benedikt
Benkl	Beule, auch: Beutel, Päckchen
Bensga, Benzg	Binsen
Berra	Sauftrog
beschtle	basteln
Betschina	alte Bezeichnung für eine Kielzigarre (Virginia)
Betta	Elisabeth
Bettlad	Bettstelle, hölzernes Bettgestell
Bettscheer	Bettzange, ca. 1 m lange Holzschere, welche, in den Bettrand gesteckt, das Herausfallen des Bettes verhindert
bettschnaß	völlig durchnäßt
Bettstatt	Bettstelle
Bettziach	Bettüberzug
beute	borgen
bibb(e)ra	zittern (vor Kälte oder Angst), frieren
Bibberle	Küken
Bibele	Hühnchen

Bibergockl	Truthahn
Bibi	männliches Kleinkind
Bickle	kleiner Buckel
Bickling	Verbeugung
Biegel	kleine Erhebung
Biera	Birnen
Bierazelta	Hutzelbrot
Bierbrocka	in Bier geschnittenes Brot
Bies	Zahnprothese
biezla	reizen, haben wollen, gelüsten
Biggl	entzündete Hautpore
bigott	übertrieben fromm
Bihla	Zahnfleisch
Bilmes	Kopf
bimbala	auf Nebensächlichkeiten herumreiten
Binggel	eigensinniges Kind
Binkala traga	bildlich „eine Last", „ein Kreuz" tragen
Binzge	Binsen
B(i)irling	(kleiner) Heuhaufen auf Holzgestänge (Hoiza)
Bippe	Pfeife
birlinga	beim Heuen
Bischtabindr	Bürstenbinder
Bißgurg	bissige Frau mit besonders scharfem Mundwerk

Bitsch	hölzernes Wassergefäß
Bitschlkind	Wickelkind
bitzle	bißchen, ein bißchen
Bixle	Büchse, Dose
Bixlesdöggl	Deckel zu einer Büchse
Blacha	Decke, Überzug, Teppich, Leintuch, Plane
Blachawaga	altes Botenfahrzeug, Planwagen
Bläddle	Blatt, Zeitung
Bläha	Auflaufen des Viehs (bei nassem Grünfutter)
blära	laut weinen
Bläse	Blasius
Bläsela	kirchlicher Brauch am Blasiustag (3. Februar), gegen Halsweh schützend
Bläsle	Wasserbläschen
Blätzla	Plätzchen
Blai	Bläue, Azur
blanga	sehnen, sehnlich erwarten, auch: langweilen, berühren
Blatta	Wandplatten
Blaug	Plage
blaug	schüchtern
blauga	plagen, quälen, schwer arbeiten
Blauggeischt	Quälgeist

Blausa	Trompete
blausa	blasen
Blauscht	Wasserschwall, auch: aufsteigende Rauch- oder Dampfwolke, aufwallende Nebelschwaden
Blautr	Blase
blautra	Blasen bilden
blecha	bezahlen, meist unfreiwillig
blemsla	mit den Augen zwinkern, blinzeln
blenzlinga	blindlings, z.B. beim Einfädeln
Blessura	Wunden, Abschürfungen
blo, blolecht	blau, bläulich
bloaß	bloß
bloaßig	nur
Bluah	Blüten
Bluatblautr	Blutblase
Bluatschwitzerla	Blutströpfchen
Bluatsglomp	schlechte Ware
Bluatströpfle	Bachnelkenwurz
blubbra	heftig kochen
blümerant	erstaunt
bluia	züchtigen, verprügeln
Blunza	Blutwurst; eine Leberwurst und Sauerkraut gehören dazu
blutt	nackt, bloß, kahl, haarlos

Boarkurch Emporenkirche, Oberkirche

Boata Borten

Boaza großes Reisigbüschel, Reisigwellen zum Anheizen

Boazahaufa Holzstoß mit Astholz

bobbala wirbeln

bobbra schimpfen

bocka den Beleidigten spielen, brummig sein

bockboinig unnachgiebig, stur

bockgsterr steinhart, stocksteif

bockla klopfen, auch: schimpfen, sich leise unterhalten

Boda Speicher

Bodabi(e)ra Kartoffeln
(Krummbiera, Erdbiera, Erdäpfel, Grundbiera)

Bodablacha Teppich

Böbbala Perlen

Bödela oberer Speicher

bölder wahrscheinlich, auch: selbstredend

böldr früher

bölla lautstark weinen, schimpfen

Böllr Schrei, auch: Schußgerät

bölzeg dickfellig, stur, eigensinnig

Böttla Bettlein

Bohneschölfe	Bohnenschale
Boi	Bein
Boierwed	Ostwind
boihet	beinhart
boiniggla	empfindlich frieren
boinix	sehr schlecht
boirackrdürr	abgemagert
Bole	Kater, auch: dicker Mann
Bolla	Räuschchen, Schwips, auch: Knäuel
bollad	unförmig dick, plump, unfreundlich
Bolladära	Dachboden in Bauernhäusern (hier werden Flachssamen, -kapseln getrocknet)
Bollaeis	Kugel-Eis
Bollande	Diener
Bollrock	wattierter Unterrock
bolzakrad	ganz gerade
Bompaler	bauchiges Gefäß
Bongge	Geschwulst
Bonza	Sauftrog, Kübel
Bonza fahra	Odel aufs Feld bringen
Bortmanee	Geldbörse
Boscha	Busch, Strauch, Gebüsch, auch: großes Büschel, Strauß
Boschdur	Erscheinungsbild, Gestalt, Figur

Boschjohler	Rotschwanz
bot	besonders schlecht
Botschamprle	Nachttopf
Botte	Botin, Botenfrau
Botter, Bautr	Rosenkranz
Brach	ruhender Ackerboden
Bräter	Kar
branda	zersetzen
brandele	verbrannt riechen
Bratza	Pfoten, auch: Hände
Brautakar	Bratenschüssel
Braute	Braten
Brautfuadr	Hochzeitswagen
breaggle	schmoren, anbraten
Bream(a)	Bremse(n) (Insekt)
Breasala	Brosamen, Krümel, Brösel
Brebeer	Brombeeren
bremsela	Brandgeruch verbreiten
bremslig	gefährlich
Brenda	Holzschaff
Brenne	Mehlschwitze
Brenta	Holzschaff, großer Holzbottich
Brentelesbier	Tropfbier unter dem Zapfhahn
Breschtene	Schmerzen, Beschwerden, Krankheiten

breschthaft	krüppelhaft, körperliche Gebrechen aufweisend, behindert
bressiara	beeilen
brettlesbreit naliega	keinen Platz für andere lassen
Brezga	Brezen
Brezgamarkt	unnötiges Geschwätz
Briah	Brühe
Briegel	Äste und dünneres Rundholz
Britscha	Liegestatt
Britschle	Spielen der Kinder mit Wasser
brocka	pflücken
Brocka	großes Stück
brodelwara	sehr warm
bröver	besser
Broglar	Angeber, Aufschneider
Bronna	Weihwasser
Brotessa	Brotzeit (abends)
brotzla	aufwallen
Bruatl	Bruthenne, Glucke
bruatla	brüten
bruia	brauen
Bruir	Bierbrauer
brummla	nachreden, schimpfen
Brummlsupp	Strafpredigt der Frau

bruttla	nörgeln, mäkeln
Bsänknis	Leichenschmaus
bsoffa	betrunken
bscheisa	betrügen
bschiasa	ausreichen
Bschieß	Betrug
Bschitte	Gülle, Odel, Jauche
bschnotta	zu eng, zu klein
bschomla	betrügen
bschossa	schlagfertig
bschtanda	erhärtet
buabala	ausgelassen, übermütig wie ein junger Bub
Buckl	Rücken, auch: Hügel
Bündelistag	Martini, Lichtmeß (in manchen Gegenden wechselten früher dieDienstboten an beiden Tagen)
bugglat	krumm
Büscht	Bürste
Bütscha	hölzernes Wassergefäß
bumbera	stark klopfen
Burges	Bürgermeister
Buscht	Bursche
Butta	Tragkorb, Tragfaß
buttageigga	ein Kind auf den Schultern tragen
Butzakuah	Tannenzapfen

Butzala	Kosename für neugeborenes Kind
Butzastengl	Purzelbaum, auch: Wiesenkraut
Butze	Kerngehäuse des Obstes
Butzigel	Wiesenbocksbart
buutzlig	besonders klein

D

Daas, Daaswerk	Fichtenäste, Tannenreis (grün), Tannenzweige, grünes Nadelholzreisig
Daashaugga	Reisighacke
daasverkranzet	mit Tannenzweigen bekränzt
dabbig	ungeschickt
Dachhas	Katze
Dachtl	Ohrfeige
dadane	da drüben
däb	täte, würde tun
Dächtl-Mächtl	Liebschaft
Däddaler	gebrechlicher, alter Mann
däfa, daifa	taufen
Däg	Tage
dällele	Zeit vertrödeln, tändeln
däntela	spielen
Dänz	Unsinn, dumme Geschichten
dätsch	würdest du tun

dätsche	mit flacher Hand schlagen
dätschla	streicheln, tätscheln
Dätz	Kopf
Daferner	Gastwirt
Dagdiab	Faulenzer
dage	hell werden, Tag werden
dahoita	daheim
daiga	wanken
Daitle	Schubladenfach
dalket	einfältig, ungeschickt
Dalla, auch: Dulla	Beule, Eintiefung
damisch	dumm, auch: schwindlig
Dampes	Rausch
Dappa	unbeholfenes Sich-Bewegen
dappa	treten
dappat	dumm, ungeschickt
Dappr	Fußspur
dasig	niedergeschlagen, weiß, bleich, kränklich, unwohl, auch: ängstlich, verschüchtert, kleinlaut, betroffen
Datschi	Blechkuchenspezialität
dau	hier, da, dort, dann
Daubakobl	Taubenhaus
dauhea	hierher
daula, daura	einem leid tun, bedauern, zweifeln

daulau	hier lassen
dauleit	daliegt
Daupe	große, ungeschickte Hand, Pfote
daupra	trippeln
Dazza	Schulstrafe, Tatzen (mit dem Rohrstock)
deana	drüben
deand	sie tun
Deargele, Deichtele	kleines, unscheinbares Frauenzimmer
deaweag	so, auf diese Art und Weise
Dechtl	unscharfes Messer
deere	langsam sein
Degela	Geschirr
Deicha	Vertiefung
deicha	dünken, sich (etwas) einbilden, auf sich stolz sein
Deifl	Teufel
deigat	nicht ausgebacken
Deisl	dicker Hals
deitle	deutlich
dengla	scharf machen (Sense), dengeln
denn, denna	drinnen, darin, innen
derweil haben	Zeit haben
dett, detta	dort

dettamaul	damals
dellela	umständlich arbeiten
dettlau	dortlassen
dettmauls	damals
dettna	dorthin
deucha	den Eindruck erwecken oder haben
Diabskralla	lange Fingernägel
Diachle	Tüchlein
diamaul	manchmal
diasa	einschlafen
diege	geräuchert
Diegl	Topf
Deanschtbota-Eier	ironische Bezeichnung für Kartoffeln
Diesele	Hühnchen
Diezl	Babyschnuller
diimrig	dämmerig
Dill	Holzzaun
dimmele	nach Schimmel schmecken
Dingeler	mildes Tadelwort für ein Mannsbild zur Vermeidung stärkerer Ausdrücke
dinn, dinna	drinnen
Dippl	Depp
dischkriara	diskutieren
Dischkurs	Unterhaltung

Doa	Ton, Zopf (übertragen)
en Doa hau	richtig sein
Doane	Anton
Doar	Tor
Doarakraz	Dornenkranz
Doaraschlea	Frucht des Schlehdorns
Doarsche	Strunk vom Kohl
Doat	Tod
Doatagribl	Totengräber
dob, doba	droben
Dobel	Bachschlucht
doddere	zittern, ängstlich sein
döffla	verhauen
Doggel, Doggababl, Dogganandel	Puppe
doggele	spielen (mit Puppe), sich zieren
doggelig	verspielt, aufgeputzt
Dohle	Rohr
Dolder	Dolde, Blütensproß, auch: Baumgipfel
Dolgge	(Tinten-)Klecks
dommla	beeilen
dond, donda	drunten
donka	tunken
donnra, durna	donnern
doosoahrig	schwerhörig

Dotle	Pate, Patin
dottera	aufdämmern
dottre	Angst haben
dräsga, umananddräsga	langsam tun
drätza	reizen (z.B. einen Hund), auch: necken, herausfordern
draia	drehen, sich drehen
drangsaliera	quälen
drappsa	unbeholfen laufen
Draufkäntel	Dachrinne
dreasga	nicht wissen, was man will
Dreasger	Seufzer
dreckat	schmutzig
dreckead	ausnehmend ekelhaft, grantig
dreckla	mit Schmutz spielen, auch: langsam arbeiten
Drecksteaßl	Schmutzfink
dreima	träumen
drenza, driala	unordentlich essen, Essen verschütten
Drenzr	Latz
drhoi(ta)	daheim, zu Hause
Driaba	Trübe
Drialer	Langweiler
drimsla	taumeln

Drimsler	Schwindler, Saumseliger, Langweiler
drimslig	benommen, schwindlig
drißle	erdrosseln
drneaba	daneben, außerdem
Droid	Getreide
drole, droola	rollen, wälzen
Dromsl	langsame Person
dronnaweags (auch: onawea)	trotzdem, ohnehin
drugga	drücken, schieben
drucka	trocken
Drutschele	etwas langweilige Frauensperson
Druttel	tolpatschiges Weib (von „Drudle", „Hexe")
drvozweaga	deswegen
drweil	unterdessen
Drweil hau	(genügend) Zeit haben
drzuadoa	dazutun, auch: beeilen
Duckentla	Tauchente, Bleßhuhn
duckmausig	hintergründig, auch: feig
Dudda	Saugzitzen
Dude	verdrießlicher Mund
dudera	unverständlich sprechen, stammeln, stottern
Dudl	Kinderflasche mit Schnuller

dudla	gern trinken, viel trinken
Duft	Nebel
Dürrfidlareis	Besenreisig
duir	teuer
duisig	dunkel, verschwommen, düster
duka	bücken, tauchen
dunda	drunten
Dunder	Donner
dunga	Mist fahren
dunka	das Gefühl haben
dupfa	leicht berühren
dura	durch
duradreht	verwirrt
durakruschtla	durchsuchen
Duranand	Durcheinander, auch: Bezeichnung für eine Speise
duratrieba	raffiniert
durmla	schlafen, einschlafen
Durner	Donner
dusla	halb wachen und halb schlafen, dösen
duß, dussa	draußen
ussa dussa	außen draußen
dussa	vorsichtig hinstoßen
duur, dure	durch, hindurch
Duusl hau	Glück haben

E

Eabrla	Erdbeeren
ead	mürrisch, grantig (von „öde“)
eahrakäsig	auf Lob ausseiend, ehrsüchtig
Eahrla	Öhrchen
eahrle	ehrlich
Earascht	Ernst
Eardäpfl	Kartoffeln
earscht	erst, zuerst
earschtamaul	kürzlich
eata	jäten
ebban	irgendwo
ebbas, ebbes	etwas
ebber, öbber	jemand
Ehalta	landwirtschaftliche Dienstboten
ehnder	eher, bevor
eibluie	einbleuen
eidäja	wiederkäuen (Rinder)
eidirmla	einschlafen
Eierhaber	Kaiserschmarren
Eighäus	Wohnteil des Bauernhauses
eigmelmt	in Mehl gewendet
eigrischte	eingerüsten
eigstreit	eingestreut (im Stall)

Eigschläf	Kleidung
eigschnappt	beleidigt
eigstauh	eingestehen, zugeben
eihäsa	ankleiden (spöttisch)
eima, eimats	irgendwo
eipreise	zuknöpfen
eis	uns
eischläfa	ankleiden
Englämtr	Rorate, Frühmessen im Advent
Erat	Ernte
erber, örber	wirklich, wahrhaftig
Erbes	Erbsen
Eschpaslob	Espenlaub
eschtimiera	achten, schätzen, würdigen, beachten
etla	einige
Ettr, **Etter**	Zaun
ewe	ewig
expliziera	darlegen, erklären, vor Augen führen

F

fada Nocke	schlechtgelaunte Frau
Fäahl	Wunde, Entzündung auf der Haut
fäfig	selten, rar

faigga	spielen (Katzen), tändeln, auch: spielerisch necken
Fal (Schnal ond Fal)	plötzlich, überraschend
falga	zum zweitenmal ackern
Falla	Hosenfalle
Fallott	unehrlicher, verschlagener Mensch, Lump
fangga	Brot mit dem Messer ungleich abschneiden
Fangus spiela	Fangen spielen (Kinderspiel)
faschee	gekränkt
Fatzla	leichtfertige Dinger
Faxa	Spaß, Possen, Streiche
Fazolettle	Taschentuch
fead	voriges Jahr
feaga	reinigen, fegen
Feahl	Wunde, auch: Fehler
Feascha	Ferse
fehsig	selten
Feichta	Fichten
feichtlecht	feucht, naßkalt
feift	fünfter, fünfte, fünftes
feirig	unbenützt
Feirtig	Feiertag

Feitle	Fopperei, Schindluder
Felber	Kopfweiden, auch: alter Zylinderhut
Feaschter	Fenster
feschta	feiern
Fiascht	Dachfirst
fiechtig	fürchterlich
Fidala	Kinderpopo
fidel	heiter
fidelibus	mit Freuden
Fidibus	Pfeifenreiniger
Fidla, Fiedle	Hinterteil, Hintern
fiergnäsch	vorwitzig
figga	aufreiben (von Schuhen)
figgle	schneiden mit stumpfem Messer
figgrig	nervös, aufgeregt
firga	stochern
Fisematentla	Fisimatenten, Dummheiten, Torheiten, Extratouren
Fisöla (Fasola)	(Stangen-)Bohnen
fitza	mit der Peitsche spielerisch herumknallen
Fitzeler	unruhiger junger Mensch
Fixla, roate	Goldstücke
flacka	liegen, faul hinlegen
Fläahla	Flöhe

Flädla	in schmale Streifen geschnittene Pfannkuchen
flanggle	flanieren
fleaß	fadenscheinig
Flecklateppich	aus Stoffresten gewirkter Teppich
fleckmatisch	langsam
flenna	weinen, heulen
Flergge	Flocken
Flette	Rand
Fliagr	Flugzeug
Flitschla	Flittchen, noch recht junges, aber schon ziemlich schlecht beleumundetes Mädchen
Flitta	Flügel
Flöcka	Bohle, besonders dickes Brett
Fluiga	Fliegen
Fluigabebber	Fliegenfänger
Fluigabetschr	Fliegenwedel, Fliegenpatscher
Fluigle	Fliege
Föhl	junges Mädchen
Föhlafitzler	junger Mann, der Mädchen gerne sieht
Foidl	Lappen
foigga	im Spaß spielen, raufen, balgen
foppa	aufziehen, necken
Fränza	Franziska

Fraid	Freude
Franzosabluama	Lungenkraut
Fratz	ungezogenes Kind
frei, fei	Verstärkung für etwas, z.B.: „Vergiß dös fei ja it!“
freila	gewiß, bestimmt
fremdala	fremde Menschen ablehnen
fretta	notdürftig auskommen, plagen, sich ohne Erfolg abmühen
Fretter	armer Kerl
friandr	früher
fuara	sättigen, auch: ausgeben
fuaßle	rennen, auch: anbandeln, sanft berühren
Fuaßnet	Bettende
fuchtla	Gebärden machen (mit den Händen)
fuchtig	zornig, ärgerlich, aufgeregt
Fülla	Pflaster vor der Haustüre eines Bauernhauses
fürgnescht	neugierig
fürhofrecht	ungefragt
fugsa	auf die Palme bringen, aufregen, ärgern
fuira	Feuer machen, einheizen
fuire	feurig
Fuirla	Hirtenfeuer

Funka-Kiachle	im schwimmenden Schmalz gebackene „Küchle“ aus Hefeteig (zum Funkensonntag)
Funkafuir	traditionelles Feuer am 1. Fastensonntag. Auf dem Holz- und Reisighaufen ist eine Stange mit einer Strohpuppe befestigt. Symbolische Austreibung des Winters (Brauchtum)
Funsl	Taschenlampe
Fur	Furche
furchte	furchtbar, fürchterlich
Furgge	Gabel, Gabelzinken
Furle	Schurz
furre	vorn, nach vorne
furtzoga	fortgezogen
futt	fort
futtlaicha	fortjagen
futtmacha	weitermachen
Fuur	(letzte) Ackerfurche

G

gach, gäh	steil abfallend
Gäbeles-Stecka	frühere Form des Spazierstockes. Er hatte am oberen Ende eine nach oben offene Astgabel für den Daumen.

Gäckerle	Lätzchen
Gäder	Adern
Gäge, Grattel	Bein- oder Fußspreize
gägra, Gägerei	schreien, aufgeregtes Schwatzen (der Gänse)
gählinge	plötzlich, unerwartet
Gähwinde	Schneeverwehung
Gälta	Melkeimer
Gäntar	Balkon
Gärtlesheile	Gartenhäckchen
Gätla	Gärtchen
gätla	garteln
Gätter	Zaun, auch: Tor in einer Umzäunung
gaffa	neugierig schauen, glotzen
gagga	zu Ende, fertig (Kindersprache)
gagga	stottern
Gaggale	Ei
gaggelig	auffallend gemustert
gaglgrüa	auffallend grün
Gai	Gau, Umkreis, Gegend
Gais	Zugschlitten
Gaiwägale	leichter Einspänner mit Ladepritsche
Galauner	Galan, Liebhaber
Gammel	langes, hageres, unruhiges Mädchen
gampa	schwanken, wackeln, schaukeln

Gampela	Flüssigkeit, die in der Flasche hin und her schaukelt
Gangwerk	Fußwerk (ironisch)
Gant	Zwangsversteigerung
Ganter	Ständer
gar	zu Ende
Gara	Garn
Garteshag	Gartenhecke
Gattr	Zaun
Gatza	Schöpflöffel
gatzga	gackern (der Hühner beim Eierlegen)
gau	wohl (gau schea), auch: endlich
Gauggl	Spreizen der Beine
gaugglat	gabelig
gauh	gehen
gauklig	schräg, zerfahren
gauma	das Haus hüten
Gaus	Gans
Gausr	Gänserich
gautscha	schwenken, auch: schaukeln
Gautsche	Brett- oder Balkenschaukel, Wippe für Kinder
gea	geben
geal	gelb
geara	gern

Gedudr schlecht verständliches Sprechen
Gees, Geis Gänse
Geisla Gänslein
Geizkraga Geizhals
gell Nicht wahr? Stimmt doch? Auch: Wort zur Unterstreichung, z.B.: „Heit isch warm, gell!“
Gelts Gott! Vergelt's Gott!
gempasch übermütig
Geschbes Grimassen
geschert ungebildet
Gestele Leibchen, Weste
Getrialer Gesprächsstoff mit Betroffenheit
Gfäß Weihnachtsgeschenk der landwirtschaftlichen Dienstboten
Gfauhr Gefahr
Gföls Fels
Gfrear Frost
Gfrett beschwerliche, widrige Umstände, Schwierigkeit, Wortaufwand, Wirbel. Man hat seine „liebe Not“.
Gfrieß saure Miene, auch: wenig schmeichelhafte Bezeichnung für Gesicht
gfugset rothaarig
Ghail kleiner Waldgehau
Ghau, Ghoo Waldschlag

Ghear	Gehör
ghearig	ziemlich, sehr, ausgiebig, z.B. a ghearige Brotzeit
giegele	vor Erwartung fiebern, auch: gelüsten
gigampfa	schaukeln (mit dem Stuhl)
Giggale (Renggela)	Brotanschnitt
Giggel	Hochmut
giggele	verstohlen blinzeln
Gimpe	Borte
gimperisch	sinnlich veranlagt
Gingine	eigene Weise
Girpel	(Baum-)Wipfel
Gischpl	ungeschickter, hastiger Mensch
gischplig	fahrig, auch: unüberlegt, flatterhaft
Gitschla	Kütschlein
Glätsch	Schneepfütze, Schneematsch
Glaich	Kettenglied
Glaicher	Gelenke
glallat	kindisch
glanga	reichen (iatz glangt's)
Glascht	Email (auf Geschirr)
glauba	aufheben, aufklauben
gleagale	gelegentlich, auch: vorsichtig, langsam, bedächtig

glegga	genügen, satt machen
glei	gleich, sofort
gleiba	krallen, kratzen
glempfig	beweglich
glempfle	gut, nochmals gut
Glenkl	Tropfen, auch: Griff
glieschtig sei	Appetit auf etwas haben
glisme	klirrend kalt
glitschig	glatt
glitzga	funkeln, glitzern, glänzen
glogge	läuten, klingeln
Gloife	unbeholfener Mensch
Glois	Geleise
Glomsa	Spalt
gloschta, gloste	glimmen, glühen
glotschlet	lotterig, schlechte Haltung zeigend
glotza	starr schauen
Glotzge	zuckender, anhaltender Schmerz
gluckre	rollen
Glufe	Sicherheitsnadel, Wäscheklammer
Glump	schlechte Ware, unnützes Zeug, Plunder, überflüssige und untaugliche Gegenstände
glumpat	leichtsinnig, auch: unreell, nur auf eigenen Vorteil bedacht

glumsa	leuchten, scheinen
gluufe	z'gluufe komme – zurechtkommen
gmächla	langsam, ruhig
Gmailer	Gemälde
gmaukat	versteckt
Gmerk	Gedächtnis
Gmiad	Gemüt
Gmias	Gemüse
Gmiasbötter	Gemüsebeete
gmiggt	gemocht, gewollt
Gmoid	Gemeinde
gmollat	mollig
gmutteret	gemurrt
gnäada	hinken, schlecht laufen
gnäschtig	neugierig, hungrig
gnäschtra	naschen, ein wenig essen
Gnagg	Genick
gnaggla	rütteln, wanken, wackeln
gnagglat vool	zum Schütteln voll
gnaigig	neigend
gnappe	nicken, wackeln
gnaura	schnarchen
gneise	etwas ahnen, wittern, bemerken
gniagla	knien
's gniagalat.	Es genügt.

gniggad	geizig, knauserig, übertrieben sparsam
Gnirfl	Knorpel
Gnischt(le)	Nest
gnoschig	neugierig
gnotle	schnell, rasch
gnua	genug
Goagl	magere, hochgewachsene Frau
goazga	beim Essen husten
Göggl	Hähne, auch: Augen
gölfra	arg schimpfen
Göte	Pate, Patin
Gofina	frommes Hausbuch
Gogalore	Mensch mit einem angeberischen Gehabe
Goggl, Goggeler	Hahn, auch: Taglichtnelke
gogle	ballern, zieren, schaukeln
Gois	Ziege
Goisgschau	verdutztes Dreinschauen
Goisl	Peitsche
Goldschmied	Goldkäfer
golgga	gurgeln, glucksen
Gompa	tiefe Stelle im Fluß, Wasserloch in Altwassern und Flüssen
gompa	Wasser schöpfen
Gompr	Brunnen

Gosch, Goscha	Mund, Mundwerk (freches)
goscha	heftig schimpfen
Goschaspenglr	Zahnarzt
Gottsacker	Friedhof
in Gottsnama	also meinetwegen
gottvrsprich	Gott versprich, z.B.: „Gottvrsprich, i häb's doa." Auch: sozusagen
Guatsle	Bonbon
gozig, gozigs	einzig, ein einziges
a gozigsmaul	ein einziges Mal
gradzmiddlescht	genau in der Mitte
gräsga	ächzen
gräsna	grasen, weiden
grätig	schlechtgelaunt, grantig, mißmutig, verärgert
Grätza	Korb
gräubala	körnig schneien
Gräusch	Gänseklein, Entenjung
Graffl	altes Gerümpel
Graichrats	Geräuchertes
Gramma	(Waden-)Krampf
Gramp	eigensinniges Kind
Grand	Trog, Brunnen, Becken, Wasserschiff (Herd), auch: Ärger, Zorn
grandla	ungut sein

Gratis	Danksagung
grattla	breitspurig gehen
Grattler	kleiner Landwirt, der sich nur mit Mühe über Wasser hält, Kleinhäusler, ärmlicher Mensch
graumat	geräumt, aufgeräumt
grausa	grauen, ekeln
grauta	wohlgeraten; gedeihen
graut hau	gratis haben; übrig haben
grauzga	knarren
Grea, grea	Grün, grün
grea macha	Stall einstreuen
greachta	Stall misten, „grün" machen
Greachthäs	Arbeitsgewand, Stallgewand
greanele	grünen
grebsla	klettern, steigen
greina	weinen
greisa	kriechen
greisle	greulich, häßlich
Grend, Grind	Kopf
Grepf	Kröpfe
gria	kriegen, bekommen
griabig	ruhig und gemütlich, beschaulich
griabla	grübeln, nachdenken
Griasa	Kirschen

Gribes-Grabes	Krimskrams, Kram, Plunder
Grichtle	Stellhölzchen bei Vogel- und Mausefallen
grieba	schlau
griezännig	grünliche, schlechte Gesichtsfarbe aufweisend
Griffl	Finger
grilla	schrill schreien
Grillakraut	Labkraut
Grimma	Bauchzwicken, -schmerzen
Grisch	Kleie
Grischpel	kleiner, dünner Mann, auch: Mensch, der schmal ist wie eine Rute
Gritscha	Wühlmäuse
groaßgoschat	großes Mundwerk habend
Groaßkopfate	die Höhergestellten, die Vermögenden, die „Oberen", die Reichen und Mächtigen
grode	umhersuchen
Gröll	Glockenband bei Pferden im Winter
Groppa	Fisch (Kaulkopf)
Grottaschinder	schartiges Messer
gruaba	ausruhen
Gruiba	ausgelassene Speckwürfel, Grieben
Gruscht	unnützes Zeug, Gerümpel
gruschteln	herumkramen

grutschga	schaukeln
grutzga	quietschen (metallisch), pfeifen, knirschen wie Eisen
Gsäm	Unkrautsamen
Gsätzla	kurze Zeitspanne, auch: ein „Gesätzchen“, also ein Fünftel des Rosenkranzgebetes
Gsaim	Gesäm = Unkrautsamen und Abfall beim Putzen des Getreides
Gsbusi	Liebschaft
Gschäl	Verschalung der Mistlege, Jauchegrube
Gschaftlhuber	Wichtigtuer
gschauba	genau anschauen, mit Gefallen betrachten
Gschear	Schererei, Mühe
gscheart	böse, rücksichtslos, ungehobelt, ohne Manieren
gscheidniesig	naseweis, besserwisserisch
Gschi(e)ß	Umstand, auch: Übereifer, Hektik Der haut a Gschiß. – Der macht ein Aufsehen.
gschlacht	ebenmäßig, geschlichtet, ordentlich, auch: handlich, gerade recht, auch: zart, weich gar (bei Speisen)
Gschläf	Kleidung

gschlampat	unordentlich
gschliefrat vool	übervoll
Gschlitter	Schneesulz
Gschmalk	dummes Gerede
Gschmeis	Gesindel, minderwertige Gesellschaft
Gschmölz	kein gutes Essen
gschmoiga	geschmeidig sein, lieblich sein
gschnefdig	vorwitzig, vorlaut, überall dreinredend
gschnieglat	aufgeputzt
Gschnuder	Schnupfen, Schniefen
gschoba	schauen
Gschwerl	abwertend für „Leute“
gschwilm	schwül
Gschwilmne	Schwüle
gschwinde	bewußtlos werden
gschwolla tua	angeben
Gschwollkopf	eingebildeter, aufgeblasener Mensch
gseacha	gesehen
Gselchts	geräuchertes Fleisch
Gselts	Marmelade
Gsemsle	kleines Gesims
gsetzlasweis	je zehnmalige Wiederholung beim Rosenkranzgebet
Gsief, Gsöff	schlechtes Getränk

Gsod	Häcksel, kurzgeschnittene Mischung von Heu und Stroh
Gspat	Spaten
gspässig	seltsam, komisch, ungewöhnlich, merkwürdig, rätselhaft, sonderbar, wunderlich
gspear	vertrocknet, rissig, dürr, spärlich
Gspond	Spund
gstacklet	steif
Gstattl	Tüte
Gstättele	kleine Tüte
gstedtala	oft in die Stadt fahren
gsterr(ig)	steif, hart, auch: ungelenk
gsterrgrindig	hartköpfig, eigensinnig
gsterrhoarat	widerspenstig
gstoba	betrunken
gstöcklete Milli	saure Milch
gstraumlat	gestreift (bei Tieren)
gstumpat	klein und dick
Gu(u)	Geschmack, Gustus
Guatsle	Bonbon
Güggel	Augen (von „gucken“)
güggele	heimlich auslugen
Gugg, Gugga	Tüte, auch: Geldrolle
gugga	schauen, nachschauen

Guggerle	Guck- oder Schiebfensterchen
Guggommra	Gurken
Guggr	starrer Blick, auch: Kuckuck
Gunkelstub	Spinnstube
Gupfa	Hutoberteil, Kuppe, kleiner Gipfel
gupfat	gehäuft
Guppale	kleine Hautentzündung
Gurr	altes Pferd
gusala	stille sein
Guschte	Geschmack (gusto), Lust auf etwas
Gutsche	Schaukel
Gutschergeila	blauer Eisenhut
Gutter	Flasche, Gefäß
guttra	glucksen, kluckern
gwaggla	wackeln, wanken
Gwahl	Wallen
Gwalt (hau)	derber Eigensinn, übertriebener Eigenwille, Uneinsichtigkeit
gwampat	dickleibig, ansehnlich, dickbäuchig
Gwand	Kleider
Gwanda	Gewanne, Feldlängen
gwanda	mit Kleidern ausstaffieren
gwarma	aufwärmen
gwea	gewesen
Gweas	Getue

Gwell	Gewell, Wellenschlagen
gwieschtlet	sich wild umgetan habend
Gwiz	Gewürz
Gwölm	Gewölbe

H

Habergogl	Weberknecht (Spinne)
Habergoglar	unruhiger Mensch
Habergoiß	dünnes, aber quicklebendiges Mädchen
haberte	nicht gut gelaunt
Hack	Habicht
Hacklstecka	Spazierstock
Had	Hand
häbra	mit Hafer füttern
häbrigs Muas	Morgenessen, Haferbrei
Hächel	Gerät zum Flachskämmen
Häckerle	Schluckauf
Häfale	kleiner Topf
hägga	schluchzen
Hägl	Stier, Zuchtbulle
hähl, häl	glatt, eisig, schlüpfrig, rutschig
hählinga	heimlich, unbemerkt
hählmaulig	ein loses Mundwerk habend

hälda	neigen
Hämpfl(a)	eine Handvoll
hämpflweis	nach und nach, nicht alles auf einmal
Händl	Streit
Händscha	Handschuhe
Hängscht	Kernfrucht
hänsle	sich necken, streiten
Häs	Kleid, Kleider, Gewand
(Feirtighäs, Werftighäs, Stallhäs, Betthäs)	
Häser	Kleider
Häsrahm	Garderobe
hät	hart
hätschla	liebkosen, verwöhnen
Häusla	Abort
häza	steigen, klettern
Hafa	Topf, Schnabeltopf
Haftlmacher	genau Arbeitender, Pedant
Hag	Zaun, Hecke, Hag
hagabuacha, hanabüacha	stur, derb, grob, kräftig
Hagabutza	Hagebutten
Hagamoisa	(Wald-)Ameisen
Haiat	Heuernte
Hai-Jucker	Heuschrecke
Hairla	Haare, Härchen

Haisieche	Erzgauner
Haitr	eigensinniges Pferd
halbverdleahnt	halbentlehnt
Halfter	Zuggeschirr
halte	Vieh hüten
Hampfel	Häuflein
hampfla	mit Händen einsammeln
Hanni	Johanna
Hansdampf	Scherzname für Hans, auch: Wichtigtuer
Hasagätla	Osternest
Haschpla	überstürztes, ungenaues Handeln und Reden
hatscha	hinken, mühsam gehen
Hau	Wald
hau	haben
haua	schlagen
haufaweis	haufenweise
Haul	hölzerne Vordergestellgabel am Wagen für die Deichsel
haula	angenehm, friedlich, handsam
haura	raufen, sich in die Haare geraten, auch: bewachen
hausa	wirtschaften, sparen
Hausere	Haushälterin
Hausvatter	Liebstöckel

Hausweasa	Haushalt
hea	her
Hea(h)le	Küken, Hühnchen, auch: schwächlicher Mensch
heana, deana	herüben, hüben
Hearala	Hörnchen
Heaz	Herz, auch: Frauenbrust
heb, heba(t)	halt! haltet!
hebig	sparsam, fast geizig
Heckaschorra	Heckengraben
Heddl	Rispe
Heibla	Häubchen
Heidela	Heidelbeeren
Heidschnuckala, **Heischniggl**	Heuschrecke, Heuhupfer
heiggl	wählerisch
heilos	heftig
heina	weinen
heinala	schwach weinen
heira	heiraten
heisala	in der Wohnung alles schönmachen, auch: spielen
Heisla	Häuschen
Helbe	Spreu
Helgle	Bildchen, Heiligenbildchen
hellala	Tag werden

Hemel	Himmel
Hemmedlenz	kleines Kind, das im Hemd herumläuft, auch: weiße Anemone
hend	hinten
hendadeana	hinten drüben
hendadonda	hinten drunten
hendanomm	hinten hinüber
hendaromm	hinten herüber
hendrsche	rückwärts
hendrschefüar	umgekehrt
Henkale	kleiner Henkel
Henna	Hühner
Hennadappr	Hahn
Hennadone	Tod
Hennaschaiß	Bagatelle
hergle	schluchzen
herpfe	klettern
Herrla	Pfarrer, Geistlicher
hettala	rumspielen, statt zu arbeiten
Hex	Häutchen auf gekochter Milch
hi	kaputt, zerstört
hia, hie	vorwärts, Zuruf an Zugtiere (hott = rechts, wischt = links; eecha, brr = halt)
Hiara	Hirn, auch: Stirn

Hiarakäschtla	Verstand
Hiararunzla	Hirnrunzeln, Stirn-in-Falten-Legen
hiarawirblig	benommen, verwirrt, halbverrückt
Hias	Matthias
hiaschtala	leicht husten
Hiat	Hirte
hiera	hindern
hilza	hölzern
Himpalar	Krüppel
hindaduß	hinten draußen
hinde hott	verkehrt
hinderfür	falsch, verkehrt, völlig unrichtig
hingiend	nicht sättigend
hinn, hinna	herinnen
Hinte	verschlagenes, durchtriebenes Frauenzimmer
hinterrucks	hinter dem Rücken, feig
hintersche	nach hinten, rückwärts
Hinterschgeführ	das Hintere vor dem Vorderen
Hinterwind	Westwind
Hitza	Fieber
Hitzana	Hitzewallungen
hoafätig	stolz, übertrieben, hochfahrend
Hoahfaht	Stolz, Angeberei
Hoara	Horn

hoaradumm	besonders dumm
Hoaraschloater	Hirschkäfer
hoare	raufen, kämpfen
hob, hoba	heroben
hocka	sitzen
höba	halten
Höckaschorra	Heckengraben
höldra	dröhnen, hallen, wettern
Höll	Platz neben dem Ofen
hörtnarret	äußerst erbost
Höscher	Schluckauf
hofala	vorsichtig, bedächtig, langsam
Hohlufter	Hochnäsiger
hoi	heim, nach Hause
Hoigata	Unterhaltung, „Schwätzle" mit Freunden oder Nachbarn
hoigeiga	abfällige Äußerung „laß di hoigeiga"
Hoigelbeer	Heidelbeere
hoikale	heikel
hoila	heimlich, leise, im stillen
Hoimat	kleines Anwesen, Heimat
Hoiza	Holzgestell zum Heutrocknen
hoizünda, hoileichta	jemandem die Meinung sagen
Holder, Holler	Holunder

Hollbeer	Himbeere
Holtscha	Holzschuh
Holz	Wald
holze	Holz fällen
Holz gliaba	Holz hacken
Hommaler	Hummel
hondslack	sehr entkräftet, abgestanden
Hongerbluam	Hungerblume
Honk	Honig
Hosafalla	Hosenschlitz
Hosasaicher	unerfahrener Jüngling
Hosaspanner	körperliche Züchtigung in der Schule mit dem Meerrohrstecken
hoscha	wiegen
Hottl, Hottogaul	Pferd, Pferdchen
hottle, rumhottle	herumfuhrwerken
Hucke	Kramerladen
hudla	eilen, auch: leichtfertig, nicht exakt arbeiten
Hückler, Hucker	Krämer
huir	heuer, dieses Jahr
Huischl	Fohlen
huischlig	übermütig
Huiserle	Fohlen
Hummeler	Hummel

Hunk	Honig
Huraglump	unnützes Zeug, schlechte Ware
hurament	Schimpfwort
huß, hussa	heraußen
Huttel	schlampige Frau
Hutzla, Hutzelbiera	gedörrte Birnen

I

Iberlascht	Überdruß
ibrmoara	übermorgen
ibrsche	aufwärts
Idipfla	Punkt auf dem „i“
iehre	stören, hindern
Ihne	Ahne
iira	im Wege sein
Ilga	Lilien, Narzissen
Ille	Beule am Kopf
Imma	Bienen
Ingreisch	Innereien, auch bei technischen Geräten
inna dinna	innen drin
inoimfutt	in einem fort
irdig	aus Ton

Irgadag	Georgstag (23. April)
it, itta	nicht
ittamaul	nicht einmal

J

jaicha	jagen
Jau	eine Reihe Garben
Jauchat	altes Ackermaß (ca. ein halbes Hektar)
Jauhrdig	Jahresmesse für einen Verstorbenen
jaumra	jammern
jegges, jegges!	soviel wie „Ach du liebe Zeit!“ oder „Ach du meine Güte!“
Jörgaroasa	Knöterich
Josefstöckle	Bohnenkraut
juchzga	jauchzen
jucka	hüpfen, springen
Judestrickla	erste „Zigarette“ für Jugendliche
Juppa	Jacke, Joppe

K

Kaar	Trog, Bratgeschirr, flache Bratschüssel
Kachel	Tonschüssel
Kächale	kleine Blechdose

kähl	häßlich, widerwärtig, unwirtlich, rauh, unverschämt, auch: geizig, egoistisch, ungezogen
kähla	sich ekeln
kälbra	kalben
Kälter	Katharina
Käppele	Kapelle
Kärle	kleine Bratpfanne
käschperla	Faxen machen
Käschpr	Weichseln, Kirschen
käsig	blaß
Käskuche	Molkerei
Käslaibla	Limburger Käse
Kässpatza	allgäu-schwäbisches Nationalgericht
Kaff	kleines Dorf; abwertend für kleinen Ort
kalba	herumtollen
Kalbela, Kälbla	Kalb
Kalb-Moses	fröhlicher Mensch
Kalfakter	verschmitzter Mensch
Kallefänger	Vorrichtung zum Auffangen des Klöppels
ebbes kalta	etwas behalten, aufbewahren
Kanapee	Sofa
Kapebbala	Kapellchen
kapores	kaputt

Kapott-Hiatle	Kapotthütchen; kleines, mit einem Band unter dem Kinn festgehaltenes, schalenförmiges, dunkles Hütchen
Kappe	Mütze
Kar	Brat- und Backrein
karbatsche	schlagen, verhauen
Karfiol	Blumenkohl
Karra	Handwagen, Schubkarren
karrossiera	sich herumtreiben, lockeren Lebenswandel führen
Kartaus	Kopf, Schopf
Kartoffelbauza	Kartoffelnudeln
Kasper	Kaspar
Kasperla	lustige Figur, Kasperltheater
Kastamopl	Kastanien
kata	Karten spielen
Kattl, Kättre	Katharina
Katzabole	Kater
katzabuggla	sich auffällig unterwerfen
Katzagschroi	schwäbisches, aus Eiern und Fleisch gemischtes Gericht
katzedreckisch	kritisch, streitsüchtig
Kauder	männliche Wildtaube
kaudrig	zusammengekauert, frierend
Kaum	Schimmel(pilz)
kauma	schimmeln

Keara	Kern
Kearala	Körnchen
Kearaschtuck	Kernstück
Keaza	Kinn, auch: Doppelkinn
Keed	Kind
Kehrwisch	Handbesen
keia (omkeia)	werfen, schleudern, umwerfen, auch: kränken
keicha	keuchen
keidra, keifa	schimpfen, kritisieren
keif	hart, steif, fest
keiig	ärgerlich
Keitl	Keil
Kelsch	Leinen
Kenderdoggl	Kinderpuppe
kenna	kennen, erkennen, auch können
kennig weare	kennenlernen, dahinterkommen
kerzagrad	ganz gerade
Keschper	Kirschen
Kettenglerch	Glied einer Kette
Ketterle	Durchfall
Kiahla	Kühlein, kleine Kuh
Kichser	Spötter
kiebitza	zuschauen
Kiener	Dachrinne

Kimmikehr	Kaminkehrer
Kipf	Brotwecken, längliches Brot, auch: ungeschickter Mensch
Kipfle	kleines, längliches Brötchen
Kirba, Kierbe	Kirchweih
kirbse	hüsteln, räuspern
kirschahilzig	aus Kirschenholz
Kissaziachle	Kissenüberzug
Kitterloch	häufig lachendes Mädchen
Kitt(e)l	Kittel, Jacke, Joppe
kittra, kudra	kichern, lachen (von jungen Mädchen)
Kitzabolla	Aprilschauer, Eisregen
kitzela	kitzeln
Kläre	Stärke (für Wäsche)
Klaffra	wilder Hanf
Klammra	große Ameisen
Klapf	beschmutzter Kleidersaum
klauba	sammeln, etwas mit den Händen aufheben, z.B. Kartoffeln „klauba“
Klaus	Nikolaus
Klauta	Daumen
Kleischba	Dorn, Holzsplitter
klemm	selten, rar
Klenggenggale	kleine Glocke
klenka	zerknicken

kleppra	klappern
klepprdürr	abgemagert
klerra	vor Kälte klirren
kliaba	Holz spalten
Kloba	ungehobelter Mensch, auch: Holzstück
klöcka	ausreichen
Klomsa	Spalt, Ritze
Klooba	plumpes Pferd
Kluckr	Schusser
Klufa	Klammern, Wäscheklammern, z.B. Wäschklufa
knaggla	wackeln
Knaschter	Falte, Knitter
Knauftel	umständliche Person
Knaupela	Birnenart
knausera	übermäßig sparen
Kneischta	häufiges, oft unbegründetes Jammern, Kritisieren
Kniarenggla	Strumpfbänder
kniagla	knien
Knieaschnackler	einknickendes Knie, zitternde Gangart
Knipfel	Knüppel, Auswuchs, grober Mensch
Knoda	Knöchel
Knöpfla	Spätzle

Knuidl	Knäuel
knuttra	nörgeln
Koara	Korn
Koaradant	Gefach für das Getreide
Kölsch	farbig kariertes Bettzeug
kößla	umtreiben
Kog	Tropf, ungezogener, flegelhafter Mensch
koiz, koizig	übel, schlecht, unwohl
koinützig	nichtsnutzig
koldrig	flau im Magen
komod	bequem
Kommode	Schränkchen
Kondl	Konrad
Kondukteur	Billettzwicker
Kopfnet	Kopfteil eines Bettes
kopfübersche	kopfüber
koppa	beim Essen aufstoßen, auch: kastrieren
Koppar	gelbe Trollblume
koselig	schmutzig weiß (Wäsche)
kotz, kotz na	Verwunderungsausruf
kotza	erbrechen
Kraakada	Krankheiten
krabbsla	kriechen
krägla	schreien

kränkala	krank sein
Krätza, Krätta	Korb
kraga, krakeela	großes Geschrei machen, lautstark schreien
krauma	kramen
Kraumat	Geschenk
Kraumr	Krämer
krauta	gedeihen
Krautstampfer	dicke Beine
Krautstanda	Krautfaß
Kraxa	Traggestell
kraxla	klettern
krea	fertig, zu Ende, einig
kreachta	jammern
krebsla, krettla	klettern
kreisa	kriechen
kretza	kratzen
Kreuzerle	Mehlprimel
kriaga	bekommen
Kri(e)gl	Kehle, Hals des Geflügels, besonders langer Hals
kropfet lache	heftig lachen
Krott	Kröte
krottabroit	breit wie eine Kröte
Krottaschabr	schlecht schneidendes Messer

Krottebluma	Löwenzahn
Kruck	Ofenräumer
kruschtla	durchsuchen
Kuahpflattr	Kuhfladen
kuahranza-feischtr	so finster wie im Ranzen (Bauch) einer Kuh
kuahranzanacht	sehr finster
Kuddelmuddel	Durcheinander
kugela	wälzen
kuia	kauen
kuppla	zur Ehe zusammenbringen
Kupplpelz	Belohnung für das Kuppeln
kuranza	schelten, herumkommandieren, schimpfen, zurechtweisen
kurra	knurren
Kuter	Kater
Kuttlfleck	Voressen
kuttlig	faltig aufgebauscht (bei Kleidern)
Kuttlmuttl	Durcheinander
Kuuter	Tauberich

L

Lach(a)	Pfütze, auch: Odel
lack	abgestanden, schal, auch: lustlos

Lackaff	eingebildeter Mensch, der die Nase hoch trägt
Lackl	grobschlächtiges Mannsbild, Lümmel
lackla	herumalbern, toben, herumtollen
Lada, Lädela	Geschäft
Ladabudl	Verkaufstisch
Ladeara	Laterne
Ladnere	Verkäuferin
Läfaz	alberner Hansdampf, Schwätzer
läfla	ohne Ziel herumlaufen
Lägela	Wasserfäßchen
Lälla	herunterhängende Lippen
Lätscha	saures Gesicht, besonders Mundpartie
Lätschabebbe	Langweiler
lätschig	weich, schwabbelig
Laffa	dumme, eingebildete Menschen
Laffagaudl	Libelle
Lahmasch	langsamer Mensch
laiba	übriglassen
Laibla, Loibla	Gebäck, Plätzchen, Weihnachtsgebäck
laicha	schicken, jagen
Lais	tief eingedrückte Wagenspur
Lalle	lackelhafter, auch ungeschickter Mensch

lammer	lassen wir
landrig	gebrechlich, stark abgenutzt, auch: schlecht anliegende Frauenkleider
langa	langen, reichen
langgstagglat, langstragset	hochgewachsen
Langgwied	Stange, die den vorderen mit dem hinteren Wagenteil verbindet
larpsa	schlürfen
Larva	Gesichtsmaske im Fasching
Latscha	alte Schuhe
latscha	lässig, unordentlich gehen
Latschari	träges Tier
lau	lassen
Lauda	Lobgesang
Laure	obere Querstange zwischen den beiden Wagenleitern
lausig	wenig wert, schlecht
Lavor	Waschschüssel
leabig	lebend, lebendig
Leabzelta	Lebkuchen
Leabtag, meiner	zeit meines Lebens
leahn	zu wenig gewürzt, geschmacklos
Leat	Leonhard
leaz	falsch, verkehrt

Leffas	Tölpel
Lefzge	Lippe
Legel	kleines Holzgefäß
leibig	wohlbeleibt
Leible	Weste (ohne Ärmel), Mieder
leicha	leihen, auch: jagen
Leich	Leiche, Beerdigung
Leichsagere	Frau, die zu einem Begräbnis einlädt
Leidla, 's gauht	Es geht langsam.
Leihtuach	Bettlaken
Leila	Lein-, Bettuch
leira	zigeunern, vagabundieren, auch: langsam arbeiten
leis	fad (bei Speisen)
Leita	Wiesenhang
lella	schauen, begehren
Lena	Magdalena
lende Zeita	laue Zeiten
Lenz	Lorenz
Letta	harter Lehmboden
letz	unrichtig, falsch
letzig	nicht ausgebacken
Leubate	Speiserest
liabaigla	gerne sehen (Augensprache)
liable	lieblich, zart, zärtlich

Liabschaft	Liebesverhältnis
liacha	Flachs aus der Erde ziehen
Liachtle	Dummkopf
Liameß	Lichtmeß (2. Februar)
licha	schwenken, auch: Wäsche (aus)spülen
Lina	Karolina
Lingier	Lineal
Lisbeth	Elisabeth
litzel	wenig
Loas	Mutterschwein
loasa	verunreinigen, beschmutzen
Lodahäs	Lodengewand
loddrig, lotschig	unordentlich, brüchig
loiba	übriglassen (i loib dr ebbes)
Loiblesdoig	Plätzchenteig
loidig	leidig, leidlich
Loimsiader	langsamer Mensch
loina	anlehnen
Loisa	Rinnen, auch: Wegspuren eines Wagens
lommer	leicht, luftig, locker (Gebäck)
Lompa	Lumpen, Jacke
loosa	horchen, lauschen, hören
loreia	Heustränge machen
Loschie, in	in Miete

lotschig	brüchig
lottrig	verlottert, abgestanden
Lua	Mond
luaga, aluaga	schauen, anschauen
Luanaschei	Mondenschein
luck	locker
Ludala	Fläschchen
Ludl	Ludwig
Lug	Lüge
Lugabeitl	Lügner
Luis	Alois
Lumpa	Lappen
lupfa	heben, anheben
lu(u)ra	lauern, heimlich beobachten
Luschter	Leuchter
Luse hau	freies Spiel, freie Hand haben, ohne Aufsicht sein

M

Maala	kleiner Mann
maar	mürb
Maata	Martin
Madla	Magdalena
Madöra	Eiter

Madt	Magd
mächala	basteln, tüfteln
Mächaler	Tüftler, Bastler, aktiver Mensch
Mäder	Wiesen
Mädla	Mädchen
Mädlafizelr	den Mädchen nachstellender Bursche
Mähla	Schäflein
Mähna	Gespann
mähna	Zugtiere leiten
Mändla-Mändla	Scheltwort
märe	tratschen
Mäschgerla	kleine Maske, maskierte Kinder
mäß	unfruchtbar (beim Rind)
mäuslastill	ganz still
magiera	komödiantisch nachmachen
Maginkala	Schlüsselblümchen, Primelchen
mahr	mürbe (Teig), auch: durchgescheuert (Kleiderstelle)
Mala	Amalie
Malefiz-Kerl	Schimpfwort
Mammeler	Muttersöhnchen, unselbständiger Mensch
mammse	schüchern widersprechen
mampf(l)a	mit vollem Mund langsam kauen
Mander	Männer

Mang	Magnus
Maosa	Flecken, schadhafte Stellen (Obst)
Marie	Maria
marode	krank, leidend (aber nicht schlimm)
Mascha	Schleife, Zierschleife, auch: Schlinge beim Stricken
massig	grantig, unleidlich
Matsch	schmelzender Schnee
Mau	Mond
Mauche	Mauer-, Kellerassel
maugala	Tag werden
Mauggel	Frauenspersonen, die unzufrieden, unausstehlich und immer am Jammern sind (auch Kneischt, Knauftl)
Mauklat	Obstversteck
maula	schimpfen, zurückschimpfen
Maulaffa feilhau	untätig zuschauen, gaffen
Mauler	Maler
Maungelebraun	undefinierbares Braun
maunzge	undeutlich sprechen
Maunzger	der Laut des Maunzgens
mausa	Mäuse fangen
mausga	schreien wie die Katzen
maushi	ganz kaputt
mausig	angeschlagen, faulig

Mauß(a)	Maß (Bier)
Mauße	blauer Hautfleck
mearalt	uralt, steinalt
Meatl	Mörtel
Meckl, Meckala	Jungvieh
megle	möglich
meahner	mehrere
meichtela	modern, schimmeln
meimats	irgendwo
Melbela	Mehlbeeren
Melchr	Melchior
Menschle	Kosenamen für Mädchen
menta	heftig fluchen
mentisch	sehr, überaus, ungewöhnlich
Merrasaich	abgestandenes Getränk
Merrastengl	Rohrstengl
metzga	schlachten
Metzgersgang	erfolgloses Unterfangen
miahle	mühevoll
Mias	Moos
mibba	mitten
mibbadura	mittendurch
Michele	abgezwackte kleinere Beträge, Notgroschen
Michele hau	heimlich Erspartes besitzen

middadenna	mittendrin
middanand	miteinander
miegala	liebenswert, reizend
Mill	Milch
Milledischl	Löwenzahn
Mina	Wilhelmina
Mischtlacha	Odel
mittlescht	mittendrin
moara morga	morgen früh
Modapäckla	Kaffee-Ersatz
mögelig	angenehm, liebenswert
mogerla	bei kleiner Hitze köcheln
Moggala	Kälbchen
Moggel	verdruckte, unzugängliche Person
moggle	bemogeln, betrügen
Moiahappa	Maipfeife aus Weiden
Moiakäfr	Maikäfer
Mois	Kosename für Kinder
Molla	Ochse, junger Stier
morges	am Morgen, in der Frühe
morixla	morden, töten
Muckaschiß	Heubeere, Bastbeere, Sommersprosse, etwas Geringfügiges
Muas	Brei (z.B. scheamelbigs Muas)
müata	toben, sich aufregen

Muffel	schmollender Mund, auch: unwirsche Frauensperson
Mugga	Mücken, auch: Flausen, Eigensucht
mugga	schimpfen (z.B.: „Deam mugg is no.“)
Muggasäckele	Haaresbreite
Muggaseiher	Seiher
Muggifug	dünner Kaffee
mulfa	zermalmen
Mulla	Staubfäden
Mullele	Wollflöckchen, auch: Kätzchen
Murre	mürrisches Gesicht
Murxr	schlechter Handwerker
muschper	munter, lebhaft, ansteckend, fröhlich
Mutschala	Kälbchen
muttra	murren, nörgeln, mäkeln
muxa	rühren
muxmäuslestill	ganz still, sich nicht rührend, nichts sagend

N

na	hinunter
nadrole	hinunterrollen
näch	nahe
Nächschta	Trauzeugen

nächt(e)	gestern
nächtale	dämmern
Nädling	eingefädelter Faden
nämmla	nämlich
Näs	Nase
näsla	durch die Nase sprechen
Nätte	Vater
naflacka	hinliegen
naggla	rütteln
Naglstoi	Nagelfluh
nahocka	hinsitzen
Naisa	Agnes
nakeia	hinunterwerfen
naloina	anlehnen
Nameda	Nachmittag
Namma	Mutter
nammas	etwas, ein wenig
Nanna, Nanndl	Anna
Nannele	kleines Kopfkissen (auch Hansele)
narrat	narrisch, verrückt, verärgert
Narrebittl	Hitzkopf
naseweis	vorlaut
naßfuettere	naß füttern, auch: gerne trinken
nau	dann, nachher
nauche	nachher, eigentlich

Nauchazwuzl	Spätgeborener (bei Mensch und Tier)
Nauchbr	Nachbar
nauchzanna	verhöhnen
Naudl	Nadel
naufwats	hinaufwärts
nawats	hinunterwärts
Naz	Narziß
Nazl	Ignaz
neabadett	daneben, nebendran
neabana	nebenhin
neamats	niemand
neanats, neana	nirgends
Neasl	Agnes
neata	nötigen, zwingen
nebbala	annähern
neikeia	hineinwerfen
nemma	nicht mehr
Nepper	Bohrer
nestla	umständlich herumfingern
nettla	verspielt, kleinlich schönmachen
Netterle	Verkleinerung für „netter Mensch“
nichele	vor Schmerz stöhnen
niglnaglnui	ganz neu
Nihle, Neele	Großvater
Niih	Großmutter

niiner	näher
Nissalasalat	Feldsalat
nixduig	faulenzerisch
nixig	wertlos, nichtsnutzig, leichtlebig, verschwenderisch
noara	einnicken, halbwach schlafen, dösen, auch: trödeln
noata	notdürfig leben
nobl	gut gekleidet
noggle	Lippen lautlos bewegen
Noigele	Rest beim Getränk
nolla	lutschen, saugen
Noller	Schnuller
nomm	hinüber
Nonnafürzle	süßes Backwerk
noppla	stricken, häkeln
nottla	rütteln, schütteln, beuteln
Nudlwargeler	Nudelholz
Nuiele	leichter Neuschnee
Nuis	Neues
nulla	mit der Zunge schlecken
Nuscht(e)r, Bottr	Rosenkranz
Nußjäckl	Eichelhäher (auch Oichhahn)
Nußklimmer	Nußknacker
nutzla	nuggeln

O

oadale	ordentlich, anständig
Oahrafitzaler	Ohrwurm, Tausendfüßler
Oahrwatschel	Ohr, Ohrmuschel
Oaschtra	Ostern
obadana	obenliegend
obadob	oben
ochela	Schmerzausdruck
Ochsaauga	Spiegeleier
Odl	Jauche, Gülle
öbig	ewig
örber	freilich, selbstverständlich
ohrecht	unrecht, ungerecht
oichele	jammern
oiding	gleich, egal (z.B.: „Mir isch alz oiding.“)
Oiga	Eigentum
oiga	eigen, auch: eigentümlich, merkwürdig, sehr individuell
Oila	Eier(chen)
oi Loch nei	immerfort, unnachgiebig
oimeds	irgendwo
oischicht	alleine, einzeln, einsam, auch: einzelstehend, ledig

omananddettela	umständlich arbeiten
omasoscht	umsonst
omondomm	ringsherum
Omuas	nervöses Getue, Hetzen ohne Grund
ondrsche	abwärts
ondrsibischa	umgekehrt
Oxafisl	Lederpeitsche, Ochsenziemer

P

palabra	reden
pantscha	verfälschen
Parablui	Regenschirm
Paradeis	Tomate
Paschele	Nachtkästchen
pelza	faulenzen
petschiera	betrügen
Pfändla	verzerrter, weinerlicher Mund beim Säugling (z.B. „a Pfändla macha“)
Pfärscha	Ferse
pflätsche	pflätschern (Regen)
Pflatter	weicher Fladen
pflauschtrig	leicht windig
Pflaut	Finger, Hand, Pfote
Pfletterle	kleiner Kotfladen

pflittra	auslachen, verspotten
pflitzga	niesen
pflottra	aufkochen
pfludra	fortwehen, flattern, fliegen
Pförra	Hirtenunterkunft, Stierhütte
Pfraum	Ruß
Pfread	Pfründe (bei Bauern)
Pfreim	Rauhreif
Pfröpfler	umständlicher, kleinkarierter, ängstlicher Mensch
Pfulga	klammes Federkissen, auch: kräftige Frau
Pfulme	großes Federbett
pfurra	ungut sein, murren, auch: herumrennen
pfuttere	unwirsch sein
pfutzga	lästiges Geräusch verursachen
Pfutzger(le)	entzündete Hautpore
Pichet	Pechbelag
Pitsch	Trinkgefäß
pitschiera	kleben, verkitten
plärra	plärren, schreien
Planer	Schlingel
Platta	Plattfuß
Plavoo	Zimmerdecke

Plempl	schlechtes Bier
Poarkirch	Empore der Kirche
Pottschamprle	Nachttopf
Praxer	Viehaufkäufer
progla	aufschneiden, prahlen
protza	großtun, angeben, sich wichtig machen

Q

quackla	quacken, wackeln
Qualt	Zorn, Eigensinn
Quetscha	Ziehharmonika

R

rackra	hart abreiten
räara	lautstark weinen, auch: schreien, röhren
räckla	streiten (auch hackla)
räs	reif, ausgereift, scharf (z.B. Käse)
räsoniera	nörgeln, herumkritisieren
Rätscha	hölzernes Gerät zum Erzeugen eines klappernden Geräusches (am Karfreitag in den Kirchen anstelle der Glocken)

Raffel	sehr lebhaftes, ausgelassenes Mädchen
Raffele	einfaches Tisch-Saiteninstrument (verwandt mit der Zither)
Raffzah	gieriger Mensch
ragele	wimmeln
Raggr	unfolgsames Kind
ragrissa	genau so
Raichle	Rauch
Raischla	altes Flachsmaß
raise	laufen, fliehen, sich davonmachen
rakampla	heftig schimpfen
rammla	sich paaren (Katzen)
Rande	rote Rüben, rote Bete
Ranga, Rank	Kurve, auch: Biegung eines Baches
Rangunkel	altes Weib
Ranka	gebogen abfallender Ackersaum, auch: großes, dickes Stück Brot
Rantschl	geschwätziges Weib
rantschla	herumsprechen
Ranza	Tasche, auch: Bauch
ranzig	verdorben (Butter)
rapplig	nervös
rar	selten
rassla	mit Ketten klirren, rasseln
ratsche	viel reden, plaudern

Ratz, Ratzamaus	Ratte
raudla	mißmutig vor sich hin murmeln
Raufa	Futterständer
raunsle	schnarchen
raunzga	schimpfen
Reada	großes, rundes Sieb mit breitem Holzrand
Reagadächla	Regenschirm
Reagawura	Regenwurm
reahre	röhren, schreien
Reata	Röte
reggla	dauernd schimpfen
reifla	schnell laufen, rennen
reisa	schnell laufen
Reißaus nemma	weglaufen
rempla	absichtlich anstoßen
Rend	Rinde
Renftle, Rengade	Brotrest
renga	regnen
reppla	abschälen (Rinden)
Res	Theresia
Reuhe	schmaler Durchgang
riabig	ruhig, still, gemütlich
riach	heiser
Riahla	kleine Ruhe

Riapl	Rüppel
Ribisl	Johannisbeere
Riebeise	Reibeisen
Riebelesgrind	Rollkopf
Rieftle	spitze Enden des Brotkipfes
Riffl	Flachskamm
Ripp	böses, keifendes Weib
ripsa	reiben, scheuern
rischgiera	wagen, probieren
Röggle	Semmel
Roifa	Reifen
Roim	Abhang, Waldrand
romdeara	umständlich sein
romkuranza	herumschimpfen
Rosmugga	Sommersprossen
Roßbolla	Pferdeäpfel
rottla, nottla	rütteln
Rotzlöffel	frecher Bengel
Rotznäs	Scheltwort für unreife, vorlaute Mädchen
ruabrig	kupferrot
Ruach	raffgieriger Mensch, Geizkragen
ruacha	habgierig tun
ruasla	schlafen
ruatschla	herumfegen

Rueschtler	Wühler
Rufa	Hautausschlag im Gesicht
rufig	geizig
Rui	Reue
ruia	reuen, bereuen
Rumma	Krusten in der Pfanne
Rupfa	Sackleinen
Rupfaschuuz	Schürze aus altem Stoff

S

sa	sagen
Sächla, Sächela	kleine Sache
Sälz	Konfitüren, Marmeladen
Säuerling	Sauerampfer, Süßling, Wiesenbocksbart
Saichmädle	junges, unerfahrenes Ding
saichnaß	durchnäßt
salbadra	reden um des Redens willen
Salettle	separater Raum im Gasthaus für Honoratioren, auch in Bürgerhäusern und größeren Bauernhöfen; auch: Gartenhäuschen in Parkanlagen
Saliter	Salpeter, Salpetersieder
saua	verunreinigen, auch: stark regnen

Saudipferles	altes Spiel der Bauernkinder
Seages	Sense
seahr	mürrisch
Seal	Seele
seal, sell	selbst
Sealazopf	Patengeschenk (zu Allerseelen)
sealbander	zu zweit, beide zusammen
Sebaschte	Sebastianstag (20. Januar)
seer	wund
Seffa, Seffe	Josepha
dr sell	derjenige
sellamaul	damals
selletta	sein Lebtag lang
Semplfransa	Pony-Haarschnitt
Semsa	Gesims
Senggott	Gott segne es! (auf „Vergelt's Gott!")
Senz, Zenz	Kreszentia
Sepp	Josef
Siach	männliches Schimpfwort mit lobendem Beiklang, auch: Tropf
Sidera	Bodensatz der ausgelassenen Butter
siebagscheit	scheinbar allwissend
Siehne	Schwiegertochter
siemere	jammern
simna	sieben

Simpl	Dummkopf, Einfaltspinsel
Sinner	Versponnenheit
sinniera	nachdenken
soamla	leierhaft reden
söhr	wund, aufgeschürft, auch: überempfindlich
Sölda	kleines Anwesen
Soifa	Seife
Solar, Soler	Gang im Obergeschoß, auch: Dachboden, Söllergang
Sondehäs	Sonntagsgewand
sotte, sottige	solche
sozga, sozgla	triefen (von Soße)
Spacha	Splitter
Spätzga	spuken
Spätzla	schwäbische Mehlspeise
Spage	Bindfaden
Speis	Speise, auch: Speisekammer
Spektiv	Fernglas
Spekuliereise	Brille, auch: Fernglas
Spennagaukl	Spinne
Sperenzle	vergebliche Hoffnung
sperrangelweit auf	ganz offen (Fenster, Türen)
spetzga	spucken
spicka	abschauen

Spickel	Fleck
Spinnawötta	Spinnweben
Spitzla	Salzstangen
spitzla	heimlich beobachten, interessiert schauen
spreisa	anstemmen
Spreisela	Holzspäne
Spreißl	Holz zum Anzünden, Spanholz
spreißla	spreißen, sich aufbäumen
Sprenggenggale	leichtlebiger, auch: leichtgewichtiger Mann, Luftikus
Sprichbeutel	Aufschneider, Angeber
Spruil	Spreu
suchte	chronisch leiden
Suggele	Ferkelchen, Schweinchen
suggle, sudle	verunreinigen
sui	sie (die Frau)
Suirla	Hautausschlag
sulfra, sülfra	geifern, auch: austrinken, schlürfen (Kinder)
sura	pökeln
Surfleisch	Pökelfleisch
Surmla	Geräusch bewegten Wassers
Surre	zorniger Mund
Suser	Weinmost

Sch

Schabernack	Streich
schachra	handeln
Schachtl	Karton, Schachtel
schäckra	lachen
schäfzga	Baumrinde schälen
Schäle	Tasse (breit)
Schäps	zusammengeschüttete Getränkereste
Schäs	Kinderwagen, Kutsche
Schäsalack	schlechtes Bier
schaffa	arbeiten
schaicha	fortjagen
schalu	verrückt, verwirrt, durcheinander
Schamitzl	Papiertüte
schanze, zuaschanze	angestrengt arbeiten, jemandem etwas zuwenden
Schapfa	Schöpflöffel
Scharta	Schatten
Schaupa	kurzer Männerrock
schbeiba	spucken, sich erbrechen
Scheama	saure Gräser
Scheameahl	Weizenmehl
scheaple	hinauskomplimentieren
scheascht	schönster, -e, -es

Scheaza	unreine Haut
scheina	blitzen
Schelfa	Schalen
schenant	scheu, ängstlich, geschamig
Schender	Schinder, Henker
Scheppar	Kinderlätzchen
schepps, scheps	schief
scherra	kratzen
Scherre	siehe „Schuabat“
Schetterhex	Mädchen, das viel lacht
Schetterkarra	alter Karren
schettra	lachen, fröhlich sein
Schiabr	Schublade
schiagla	unordentlich laufen
Schiala	Schuhe
schiar, schiergar	beinahe, fast
schiara	einheizen
Schiaß(e)r	Hausgiebel, auch: kleiner Raum ganz oben im Haus unterm Giebel
Schiffle	im Küchenherd eingebauter Wasserbehälter aus Blech für warmes Wasser
Schilee-Leible	Weste
schilga	schielen
schilla	schielen
Schillemaunges	schielender Mensch
schinaggla	plagen, schinden

schinda	hart arbeiten
Schindgata	Wasenplatz
Schindluadr treiba	Unfug machen; mit jemandem machen, was man will
Schippl	lange Haare, Haarschopf
Schissale	kleine Schüssel
schla	schlagen
Schlabba	Hausschuhe
schlabbre	schlürfen
Schlacht	gepflasterter Platz vor dem Stall
Schlachtet	Schlachtgeschenk an Taglöhner, Hirten u.a.
schläfa, eischläfa	ankleiden
schlaglig	schlaksig
schlaifa	schleppen
Schlais	Reihe (Menschen)
Schlamassel	Unglück, Ungemach
Schlankl	leichtlebiger Mensch
Schlare	gleichgültiger Mensch
Schlattakraut	Schafgarbe
Schlaua	zusammengerechtes Heu
Schlauf	Schlaf, auch: Schlaufe, Schlinge
Schlawag	nachlässiger Mensch
Schlawittle	Hals
Schleich	alte Schuhe

Schleifersbrüah	Soße, in der Hefenudeln (Dampfnudeln) zubereitet werden. Sie entsteht durch Beigabe von Fett, Mehl und Wasser.
Schlendrian	Unordnung
schlenkla	den Dienstplatz wechseln (Bauernhof)
Schlenkleswucha	Zeit, als die landwirtschaftlichen Dienstboten früher ihren „Urlaub“ hatten oder den Arbeitsplatz wechselten
schlenza	schwenken
schlettera	verschütten (Speise)
Schletterle	Verkleinerungsform für schnalzendes Geräusch
schliafa	schlüpfen
schlicka	schlucken
Schliefr	Eisbahn
schliefra	schleifen auf dem Eis
schliere	schlecken
Schliffel	Schlingel, Schelm
schloappa	unordentlich gehen
Schloappr	ausgetretene Schuhe
Schloarger	Pantoffeln, Hausschuhe
schloifa	schleifen, schleppen
Schloifegg	Schleppegge
Schloifweg	Schleifweg, Hohlweg

schlootza	schlecken, lecken, lutschen
schlorpa	schlampig gehen
Schlott	hängendes Maul
Schlott(e)r	gestockte Milch, saure Dickmilch
schlottra	zittern, frieren
Schludra	Zwiebelrohr
Schlüsselballa	Schlüsselblume
Schluggala	Entlein
Schlugge	Ente
schlupfa	schlüpfen
Schmalgois	dünne, schlanke Frau
Schmarra	Unsinn
schmatzga	geräuschvoll essen
Schmella	rauher Grashalm, dünnes Gras
schmergele	ranzig riechen (verbranntes Fett)
schmezala	schmunzeln
schmoagla	eintrocknen
Schmolle	fetter Fleischbrocken
Schmooz	Fett
schmoza	freundlich-verlegen zulächeln, auch: schmunzeln
Schmuh	Betrügerei
Schmuser	Vermittler
schnättere	laut und viel reden
schnaggla	einrasten

Schnagglr	Schluckauf
Schnaier	Reisighacke
schnappa	rasch zugreifen
schnaufa	atmen
Schnaugga	Schnaken
schnazelig	schlecht aussehend, auch: mager
schnefzgra	schnaufen beim Essen
schneiba	schneien
schneibela	leicht schneien
schneiza	sich die Nase putzen
schnerra	schnarren
Schnesl	Dummkopf, Vorlauter
Schnetter	Steiß (Geflügel)
schnipfla	schnitzeln, schnitzen, schneiden
schnölla	laut krachen auch: zerplatzen, blitzen, donnern
schnuffla	alles durchsuchen
schnurfala	schlürfen
Schnutta	Gesichtsausdruck zum Weinen
Schoape	Joppe, Spenzer
Schocha	Heuhaufen, auch: Aufhäufung
Schölfa	Schalen
schoflig	gemein, unfair
schogga	wiegen
Scholderer	Kegeljunge

Schompa	Jungvieh
Schongga	Grasbüschel
Schopf	Stadel, Scheune, Schuppen, Wagenremise, Holzlege, auch: Haarschopf
schopfa	an den Haaren ziehen, beim Schopf nehmen
schoppa	etwas ausfüllen, stopfen
Schorsch	Georg
schottle	schütteln
Schranz	Kleiderriß
Schrapnell	derbe, alte Frau, die auch übel riecht
Schraufa	Schraube
Schrunda	aufgesprungene Haut
Schtauda	Buschwerk
Schuabat, Schubet	Kruste an der Unterseite von Hefenudeln (Dampfnudeln) durch Beigabe von Fett und Wasser
Schuahbändl	Schnürsenkel
schuchtlig	unbeständig
schueche	Schuhe anfertigen
schui	scheu, auch: beleidigt, verärgert.
schumboosa	bevormunden
schupfa	anschieben, stoßen, werfen
Schupfnudla	schwäbische Mehlspeise
schutza	einander zuwerfen
Schuur	Strapaze, Plackerei

Schuuz	Schürze
Schwämm	Pilze
schwätza	reden
Schwattamaga	Schwartenmagen, heute: Preßsack
Schweafl	Zündhölzer

St

Stadtbäs	Frau, die sich als etwas Besseres dünkt
Städela	kleine Scheune
ständlinge	stehenden Fußes
stänkra	hetzen
Stäpfala	Stufen, Treppen
stät	ruhig, langsam
Stamperle	ein Gläschen Schnaps
stampra	fortschicken, hinausjagen
Stapfl	Stufe
Stasla	Anastasia
Stauda	„Stauden", Landschaft westlich von Augsburg
Steara	Stern
stearahaglbsoffa	total betrunken
Steffa	Stefan
Stefzg	Stift

Steigle	viereckiges Körbchen
Stempfel	Schnapsglas
stenza	angeben, stolz sein
Sterapfutzger	Sternschnuppe, auch: Christbaumschmuck
stiaba	stauben
Stiaber	Schneesturm
Stickl	Holzpfahl
Stiebes	Rausch
stiefle	aufhetzen
Stiegel	Steigvorrichtung über Zaun oder Hecke
stiera	streng anschauen, anglotzen, dumm hinglotzen
stipperla	klopfen, schlagen
Stoaga	Stange
Stoara	Stumpf, Storren
Stoaza	Stück Holz zum Stützen
Störnähere	Näharbeiterin im Haus des Bestellers
Stoffl	Mann ohne Manieren, auch: unbeholfener Mensch
stoffle	polternd herumgehen
stoihet	steinhart
Stokka	Störche
Stompa	Kosename

Stondaglas	Sanduhr
Stopsl	Flaschenkorken
Stopsler	schlechter Arbeiter, Nichtskönner
Storaxl	Blumenstock, der nur noch einen Stengel und einige Blätter hat, auch: ungehobelter Mensch
Storkadura	Storchenturm
Stotza	Aststummel, auch: kegelstumpfförmiger Gegenstand
stotzig	untersetzt, gedrungen, kräftig
Strähl	Kamm
strähla	kämmen
stragga	herumliegen
strampfla	strampeln
strauchla	entgleisen
straufa	strafen
Strauma	Streifen
Strauß	Straße
stravanza, stromra	herumstreunen; überall sein, nur nicht zu Hause
streabla	sich heftig bewegen
Streh	Streu
striahle	neugierig herumsuchen
Stritzer	Spritzer, heftiger Wasserstrahl
Ströhl	Blitz
Stroich	Streich, Schlag

strompfsockat	in Strümpfen oder Socken, ohne Schuhe
Stubahocker	einer, der sehr gerne zu Hause ist
stuiba	stieben
Stuß	Blödsinn, Unsinn
Stutze, Stützla	Pulswärmer

T

tachaniera	die Arbeit vermeiden
Tachtel	Ohrfeige
talget	teigig, auch: läppisch
Tatzen	Stockschläge auf die flache Hand
Taubahack	Sperber
Taupe	Pfoten, Hände
Toadtegrübel	Totengräber
tra	tragen
trätza	reizen, herausfordern, auch: necken
Trauf	Dachrinne, Regenrinne
Trauftanna	große Fichten am Waldrand
Treffzg	Unkraut im Getreide
trenza	ärgern, provozieren
Trialer	Langweiler
tribulierig	ungeduldig
triensge	umständlich sein

Triller	Karussell
Trippl	Treppenstufen
Troid	Getreide
trottla	schleppend gehen
Trottoar	Gehsteig
Truaha	Truhe
trudla	torkeln
Trüachle	kleine Truhe
trumsala	träumen
Trutscharle	nettes, pausbackiges Kind
tummla	beeilen

U

uding	übermäßig
übelgonnig	mißgünstig, neidisch
überhops	keine langen Umstände machend
übersche	aufwärts
überzwerch	übereinander, ineinander, quer
Ufirm, Ufürm	Ausgelassenheit, dumme Sachen, Unarten
uflätig	ungezogen
ugebsch	uneben
ughoblet, ugschlacht	ungezogen, unhöflich

ugleagele	ungelegen
uichelas	Schmerzausdruck
ukommod	unpraktisch, unbequem
Ura	Ulrich
Ursl, Urschel	Ursula
ussa	außen
ussa dussa	außen draußen

V

Vakanz	Schulferien
Vef	Genoveva
Veigale	Veilchen
Veitela treiba	einen zum Narren halten
veräppla	verhöhnen
verarga	verübeln
verausala	außer sich geraten, auch: vor Erwartung vergehen
verbatscha	verraten
verbeitla	verarbeiten
verblanga	sich hinziehen, zu lange dauern
verbluia	verhauen, schlagen
verbollet	unsachgemäß geflickt, auch: zerknüllt
verbreasala	zerbröckeln, zerkrümeln
verbuggla	zerknüllen

verbutze	ausstehen (nicht verbutzen können)
verdaddera	verlegen werden
verdätscha	plattdrücken
verdampfa	verrauchen
verdappa	zertreten, verschmutzen
verdatteret	betroffen, bestürzt
verdaukat	dunkel, gespenstisch
verdeffla, verdrilla	verprügeln
verdinga	in Dienst treten
verdirmla	verdösen, verschlafen
verdleana	ausleihen
verdloida	verleiden, überdrüssig werden
verdöffla	schimpfen, auch: verhauen, schlagen
verdraudlet	verwirrt, zusammengedreht
verdrinna	entkommen, entrinnen
verdrommselt	schwerfällig
verdruckt	verschlossen, unehrlich
verdufta	sich heimlich entfernen
verdwischa	erwischen, einfangen
Vere	Xaver
verelenda	vereinsamen
verfanga	fangen, ergreifen
vergaffa	verlieben
verganta	Hab und Gut durch Konkurs verlieren

vergattra	auftreiben, anhäufen, auch: strafen
vergauh	vergehen
vergiigala	es nicht mehr erwarten können
vergingge	seine Habe verschleudern
vergliggera	erklären
verglomsa, vergloschta	erlöschen, vergehen (Glut)
vergrauta	mißlingen
vergrinda	verdrecken, verkommen
vergripplet	zerknittert
vergsterre	sterben
verhätschla	verwöhnen
verhaibet	verwüstet
Verhau	Unordnung
verhause	ersparen
verheba	zurückhalten
verhoafätla	zuviel Geld für Kleider ausgeben
verhocka	im Wirtshaus länger sitzen bleiben als geplant
verhonaggla	etwas unbrauchbar machen
verhonza	verderben
verhutzlet	faltig, zusammengeschrumpelt, vertrocknet
verjubla	verschwenden
verkaumlet	verschimmelt
verkitscha	veräußern

verklauba	besprechen (alte Sachen), sortieren
verkleppera	anschwärzen
verknaxa	verstauchen
verkopfa	scharf nachdenken
verkoschta	versuchen
verkranka	krank werden
verkuahwedla	etwas durch Nachlässigkeit verzögern, etwas vergehen lassen, verjubeln, in den Sand setzen, schädigen
verkünschtla	sich besondere Mühe geben
verlau	verlassen
Verlaub, mit	mit Erlaubnis
verlechnat, verlechzet	ausgetrocknet
verleksla	undicht werden
verliggera	ausfindig machen, heimlich entdecken
verloasa, versaua	verunreinigen
verlottra	verkommen
verlumpa	verwahrlosen
verlupfa	heben
verlustiera	sich vergnügen
vermacha	ausstehen, durchstehen
vermöbla	verhauen
vermurksa	etwas beschädigen
vernixe	heruntersetzen
vernöata	erzwingen

vernudle	an sich drücken, herzen, balgen
vernuitse	herabsetzen, zunichte machen
Vero	Veronika
verpassa	versäumen
verpatza	etwas falsch machen
verpfuscha	etwas unbrauchbar machen
verprassa	verschwenden
verputza	leiden können, auch: übermäßig Geld ausgeben
verrädera	übel nachreden
verraggra	erarbeiten
verrammla	zertreten, zerwühlen
verrauta	verraten
verrecka	verenden
verropfe	zerpflücken
verrübsa	abnützen, schaben
versaufa	ertrinken
verschachra, **verscheppra**	veräußern
verschlampa	verlieren
verschmaucha	sich versagen, seinlassen
verschmaucht	gekränkt, beleidigt
verschmerba	verschmieren
verschnappa	verreden
verschnölle	zerplatzen (Knall)

verschossa	von der Sonne ausgebleicht
verschuastra	verlegen, verlieren
verschwätza	ungewollt etwas sagen
verschwallet	verquollen (Holz)
verschwitza	vergessen
verseah	Krankensalbung („Letzte Ölung“) spenden oder empfangen
versoamla	verschwätzen
versohla	verhauen, schlagen
versomsa	abklingen (Schmerz)
versonna	in Gedanken versunken
verstauh	verstehen
verstiera	beim Heuen
versurmla	versurren
vertetscha	zerdrücken
vertleasa	erlösen
vertschmoacha	verdrießen
vertwiera	verwirren
verwache	erwachen
verwata	erwarten
verwaudla	verwehen
verwuschta	verwursten
verwuzla	durcheinanderbringen, zerknittern
verzapfa	dumm daherreden, Unsinn reden
verzettla	verzögern

verzocha	verwöhnt
verzwazla	vor Ungeduld vergehen
Veschpr	Gottesdienst (Andacht) am Sonntag-nachmittag
veschpra	Brotzeit machen (abends)
Viecherei	Dummheit(en)
viersche	nach vorne
Vik	Viktoria
Vinz	Vinzenz
voadrgescht	ganz vorne
voarnadett	vornedran
voarnaduß	vorn draußen
voarnächt	vorgestern
voartlhäftig	stark auf den eigenen Vorteil bedacht
Voarzaicha	Vorhaus der Kirche
Voatl	Vorteil
Vogelschui	Vogelscheuche

W

Wähadäg	Tage voll Wehe, Beschwerden
Wäschglufa	Wäscheklammern
wagaweit offa	ganz offen, weit offen
waidla, wuidele	rasch, schnell
Wall	Walburga

Wamperle	rundliche Person
wanex	verschoben, schief
wara	warm
wargela	wälzen, rollen
Wargelholz	Nudelholz
Wasa	Grasnarbe, auch: Torf
watscha	ohrfeigen
waudla	wedeln, schwenken
Waudlwetter	unbeständiges Wetter
Wauhrat	Wahrheit
weane	wenig
webbala	wehen, säuseln
websig	nervös, unruhig, ruhelos, fahrig, aufgeregt, aggressiv
Weckgummi	Dichtungsring für Einmachglas
wedela	schwänzeln
Wedl	Schwanz, Rute
Wefzg	Wespe
Wegga	Semmel, Brötchen
wegkeia, futkeia	wegwerfen
Weihbrunna	Weihwasserkessel
weila, woile	schnell, flink, flott
weisa	ins Kindbett schenken
Weisbild	Frau, Weib
Weisch	Stoppelfeld

Weissang	Kräuterbüschel
Wella	gebündeltes Reisig
Wenkale	Zimmerwinkel
Wentrbäul	Winterbeule
Werchte	Werktag
Werg	grobe Flachsfaser
Werr	Gerstenkorn
Wertighäs	Werktagskleid
wettra	schimpfen, toben
Wettrkö(r)z	Wetterkerze (geweihte Kerze, die bei Gewitter angezündet wird)
wiascht	häßlich
Wiata	Wutanfälle
wicklesch sei	durcheinander sein
Wieda, Wiedla	Weiden, Weidenruten
wiefr	schlau, schnell
Wiesbom	Holzstange zum Festladen einer Heu- oder Strohfuhre
Wiezla	kleine Wurzeln
Will	Wilhelm
wimla	Trauben lesen
windlwoich schla	hart züchtigen
Wisch	Schriftstück
wischberla	wispern
Wischpel	Gipfel, Wipfel

wöllaweag	trotzdem, dennoch
woichle	weichlich
Woid(a)	Viehweide
Woidastoaga	Weidenstangen, -äste
womsla	wimmeln
wondergeare	neugierig
Worb	Holz, an dem die Sense festgemacht ist
wua(h)la	hart arbeiten
Wualerei	angestrengtes Schaffen
Wu(e)hr	Wehr, Stauwehr
wuidale, woidle	geschwind, rasch
wuisla	jammern, winseln
wulla	verärgert, unnahbar, verschlossen
wulle	wollig
wumsla	wimmeln
wumslig	übereifrig
wundergeal	neugierig, vorwitzig
Wura	Wurm
wurgla, wurrla	um sich selber kreisen, wirr durcheinanderlaufen
wurschtla	ungenau arbeiten ohne absehbares Ende
Wuscht	Wurst
wusele	wimmeln

Wutzlbiischt	Putzbürste
Wuzla	Wurzeln

Z

Zaahbiischt	Zahnbürste
Zäger	strohgeflochtene Handtasche
Zähra	Tränen
zaggla	beim Kämmen hängenbleiben
zamsa	locken
Zankeise	Semmelschnitten, -auflauf
Zann	mürrisches Mädchen
Zanna	ungutes, beleidigtes, böses Gesicht
zanna	ungut sein, bissig schimpfen
Zapfa(le)	Kinderschnuller
zauraggadürr	sehr mager
Zauschlupferla	Zaunkönig
Zeache	Zehe
zeaschtes	zuerst
zeiha	bezichtigen, beschuldigen
zeitle	zeitig, früh am Morgen, rechtzeitig
zema	zusammen
zemabolla	zusammenknüllen
zemadätscha	zusammendrücken
zemagea	heiraten

Zemat	Zimt
zemerueche	zusammenraffen
Zenkale	kleine Hakennase
zerdätscha	zusammendrücken
zerfle	sich zanken, räkeln
zerm	zünftig
Zezill	Cäcilie
zhindrgöscht	ganz hinten
Ziach	Bettüberzug
Ziachle	kleiner Kissenbezug
Zibebla	Rosinen, Weinbeeren
Ziefer	Geflügel, auch: Ungeziefer
Zieger	Quark
Zill	Cäcilia
Zinga	große, lange Nase, auch: Einzelspitze der Gabel
Zipprla	Kernfrucht, Zittergras, auch: Gicht, Nervenleiden
zmaul	auf einmal, plötzlich
zmiddlescht	in der Mitte, mittendrin
zna und zna	von oben bis unten
znacht	in der Nacht
Zoara	Zorn
Zocha	schwaches Kind
zocka	zucken, ziehen

Zocker	kurzes Zucken
Zotzla	Quasten
zualau	befruchten
Zubr	Badewanne
Zuckerzealtla	Zuckerplätzchen
zünderle, zündla	leichtsinnig mit Feuer spielen
Zuig	Zeug
zumpfer	geziert
zuzla	saugen
zvoadrgöscht	ganz vorne
zwabsla, zwazla	zappeln
zwacka	stehlen
Zwäara	Schmerz, Ausschlag, Wunden
zwär	quer
zwaga	den Kopf waschen
zwalga	sich abmühen, auch: kneten
zwalke	mit kurzen Schritten eilig gehen
zwea	zwei
Zwearle	mit Wasser angerührter Mehlzusatz für Soßen
zweer, zwergs	quer, schief
Zwiara	Zwirn
Zwickgluf	Sicherheitsnadel
zwidr	zuwider, abgeneigt
Zwidrwurz	unguter Mensch

Zwiefl	Zwiebel
zwiefla	drillen, streng sein mit jemandem, auch: verhauen
zwirna	schnurren (Katzen)
zwischbedure	zwischendurch
zwischberla	zittern, flimmern, flackern, auch: flüstern
Zwoiring	Zweipfennigstück
zwuzlig	mißraten, klein
zwuzla, durazwuzla	durchzwängen

Wochentage

Meetig	= Montag
Aftermeetig	= Dienstag (Tag nach Montag)
Migde	= Mittwoch
Dooschte	= Donnerstag
Freitig	= Freitag
Samschde	= Samstag
Sonnteg	= Sonntag

Übers Jahr

Wuch	= Woche
Maunat	= Monat
Jauhr	= Jahr

Volkstümliche Sprichwörter, Redensarten und Lebensweisheiten:

A alter Baum loßt se nemme verpflanza.

A Goiß isch Kuah vom kloina Ma.

A guater Gaul ziaht zwoimaul.

A guater Stolperer fallt it glei.

A Kreuz isch in jedem Haus, bloaß hängt mas it voarna naus.

A krumms Holz geit au a grads Fuir.

A vrschitts Wasser kasch nemme aufheba.

A warms Reagala tuat allawei guat.

Alle wollet lang leaba und doch it alt weara.

Am Morga früah dra, bisch da ganza Tag a Ma.

Au dr gscheideschta Katz ka amol a Maus vertrinne.

Auf en groba Klotz gheart a grobr Keil.

Aufs Hearasaga ka ma si it verlau.

Beim guata Weatr muaß ma 's Dächle mitnemma, daß mas beim Reagaweatr hot.

Besser ohne Essa ins Bett gauh, als mit Schulda aufstauh.

Besser schlecht gfahra wia guat gloffa.

Bloß it hudla!

D’ Hoimat learnat ma eascht in dr Fremda schätza.
D’ Mädla und d’ Fleah sind it guat hüata.
D’ Welt isch schea, aber um d’ Hälfte z’ tuir.
Dau beißt d’ Maus koin Fada a.
Dau haut bloß no a Muggesäckele gfehlt.
Dau leit dr Hund begraba.
Dau mechtsch grad in Huat nei stauh und bei dr Gupfa nausbella.
De guate Eifäll kommat hintadrei.
De scheane Täg lobt ma earscht z’ aubeds.
Dear hot ’s Lacha und ’s Heina in oim Säckle.
Denka derf ma allz, abr it allz saga.
Des gauht auf koi Kuahhaut nauf.
Die dümmschte Baura hant de greaschte Kartoffel.
Dia ka koi Wässerle trüabe.
Diamaul findt a blinda Henn au a Kügele.
Diamaul mecht ’s Oi gscheider sei wia d’ Henn.
Die kloine Krota hant au a Gift.
Die kloine Spitzbuaba henkt ma, und voar de groaße tuat ma da Huat ra.
Dopplat gnäht hebt besser.
Dr bescht Reiter fällt amaul vom Roß.
Dr Bschiß kommt auf da Tisch (ans Tageslicht).
Dr Pfarr predigt au it zwoimaul.
Dr Wenn und dr Hätt hot nia ebbes ghet.

Em Zoara macht ma meahr hi wia guat.
Es isch besser, wenn's tröpflat, wia wenn's gar it renglat.
Es isch nix gschwinder, als z' früah gred.
Es isch no nia koi Moischter vom Hemmel gfalla.
Es lauft glei meah a andera Sau durs Dorf.
Es redt koiner dümmer, als er isch.
Es sucht koiner da andra hintram Ofa, wenn 'r net sell scho drhinta gwea isch.

's Beata und 's Schaffa gheart zäma.
's Eise muaß ma schmieda, solang's hoiß isch.
's Falla isch koi Konscht, aber 's Aufstauh.
's Falla isch koi Schand, aber 's Liegableiba.
's isch halt, wia's isch, und 's gauht halt, wia's gauht.
's kommt allawei andrsch, wia ma moit.

Gega da Toad isch koi Kräutle gwachsa.
Gsait isch gsait, dös ka ma nemma ausputza.
Guat eibürschtat isch halba gwäscha.

Hearasaga isch scho halba gloga.
Hohe Feuerle brennet it lang.

I kennt mi glei sell beir Näs nemma.
I kennt miar da Buggl vool lacha.

I wirf diar au meah amaul en Stoi in Garte.

Im Sommr spara, nau hausch im Wintr wara.

Im Zoara tuat ma allz, bloß nix Gscheits.

In d' Weita isch guat lüaga.

In dr Jugend muaß ma si en Stecka schneida, daß ma im Altr dra loffa ka.

It alle Wettr schlagat ei.

I hau it 's Heaz ghet.

Je greaßr dr Lomp, je greaßr 's Glück.

Jeder Kraumer lobt sei War.

Jedr Sparer haut sein Zehrer.

Jeds Haus haut sei Kreuz.

Kenna vor Lacha.

Kommt dr Zoara, gauht dr Verstand.

Lant it luck!

Liaber weng und guat als viel und schlecht.

Liabr gar koi Wettr wia a so a nixigs.

Loß di it lumpa.

Loß di na hoigeiga.

Luscht ond Liab zum Ding macht alle Müeh ond Arbet gring.

Ma gauht geara futt, abr liabr meah hoi.

Ma ißt nix so hoiß, wia ma's kocht.

Ma muaß 's Rad schmiera, wenn's gauh soll.

Ma muaß 's Wasser net in Lech traga.

Ma muaß allaweil 's Bescht hoffa, 's Schlecht kommt von sell.

Ma muaß d' Kirch beim Dorf lau.

Ma muaß da Stier bei de Hoara packa.

Ma muaß hintersche und fürsche denka.

Ma sieht in d' Leit bloß na, it nei.

Ma sott d' Katz it im Sack kaufa.

Ma sott da Tag it voarm Aubat loba.

Ma sott da Teufel it an d' Wand maula, er kommt scho von sell.

Ma sott net zom Schmiedle gauh, liaber glei zom Schmied.

Ma sott z'earscht voar dr oigena Tür keahra.

Ma vergrabt koin, voar 'r gstorba isch.

Mi ruit's, soviel i Haur aufm Kopf hau.

Mit ander Leut Sacha isch guat hausa.

Moina hoißt, nix wissa.

Nauchbaurs Äpfel send die beschte.

Net alle Wolka bringat en Reaga.

Nix weard ma wohl no sa derfa.

Nuia Beasa keahrat guat.

Oi Hand wäscht die andr.

Oi Red gibt de andr.

Oimaul isch koimaul.

Probiera goht übers Studiera.

Probiera koscht nix.

Ragrissa wia dr Vatr.

Sell doa, isch doa.

Solang dr Stoi rollt, setzt'r koi Moos a.

Solang ma an gsunda Leib hot, sott ma it jaumra.

Solang ma orglat, isch d' Kirch net aus.

Schea langsam kommt ma au zum Ziel.

Überall hot ma en Kemme, dear a weng raucht.

Umkeahrt isch au gfahra.

Ums Haur wär's ganga.

Versprecha und halta isch zwoierloi.

Versprocha isch ebbes bald, aber it so bald ghalta.

Voar de verstohlene Leut ka ma se hüata, aber voar de verlogene it.

Vom Hearasaga kommat d' Luaga ins Land.

Was ma si sell eibrockt, muaß ma au sell auslöffla.

Wau dr Geldbeutel afangt, dau höart d' Gmüatlichkeit auf.

Weaga oim dürra Ascht haut ma da Baum no net um.

Wear austoilt, muaß au eistecka.

Wear da Karra in da Dreck neigschoba haut, dear sott 'n au meah rausziaha.

Wear geara trait, deam ladt jeder ebbes auf.

Wear it fraugat, weard nix inna.

Wear lüaga will, dear muaß a guats Gedächtnis hau.

Wenn's auf d' Gröaße akäm, no tät d' Kuah da Hasa fanga.

Wer austoilt, muaß au eischiaba kenna.

Wer lacht, leabt länger, und wer lang leabt, haut nix zum Lacha.

Wia dr Herr, so 's Gscherr.

Wia ma d' Kindr ziaht, so haut ma s'.

Wia ma da Narra nennt, kommt 'r scho grennt.

Wia ma si bettet, so leit ma.

Wia ma ins Holz neischreit, so schreit's meah raus.

Wo ma a Glück haut, kälberat au dr Molla.

Wo ma hoblat, geit's Späh.

Wo ma viel Mischt hot, hot ma viel Geld.

Wo's Geld isch, isch dr Teufl, und wo koins isch, isch 'r zwoimaul.

Schwäbische Vergleiche

Deam kommt's wia 'm alta Weible 's Tanza.

Dear fluacht wia a Henkersknecht.

Dear fluacht, daß d' Steara vom Hemmel rafallet.

Dear guckt, wia wenn eahm d' Henna 's Brot gnomma hättet.

Dear haut a Gosch wia a Scheraschleifr.

Dear haut meahr Ausreda wia a jonger Hond Flöah.

Dear hot a Gedächtnis wia a Sieb.

Dear hot Schulda wia a Scheiderbeig.

Dear hot Wada wia a verheireter Spatz.

Dear isch ärmr wia a Kirchamaus.

Dear isch dümmer wia d' Enta beim Tag: dia buckat se, wenn se beim Stadeltoar neigahnt.

Dear isch dümmer wia d' Nacht finschter.

Dear isch fäuler wia dr Mischt, und dear stinkt.

Dear isch so dumm wia 's Bohnastroah.

Dear ka schwimma wia a Wetzstoi.

Dear lacht mitm ganza Gsicht wia a Moikäfer.

Dear lofft rum wia a legete Henn.

Dear lofft wia a Wiesele.

Dear luagat wia a gstochener Bock.

Dear lüagt wia druckt.

Dear macht a Gfrieß wia a Gaus, wenn's rengat.

Dear schimpft wia a Roahrspatz.

Dear schwitzt wia a Sau.

Dear sieht aus wia Mill und Bluat.

Dear stiehlt wia a Ratz.

Dear tanzt wia dr Lompa am Stecka.

Dear zitteret wia Eschpelaub.

Dia haltet zema wia Pech ond Schwefel.

Dia hot a Gosch wia a Schearaschleifer.

Dia stellt da Grend wia a Pfau.

Wenn dear so lang wär wie domm, nau könnt ’r guat aus dr Dachrinne saufa.

Der Schwaub

Der Kopf

Dear tät da Kopf vergessa, wenn ’r net agwachsa wär.

Es lant se net alle Köpf unter oin Huat bringa.

’s muaß it alls nauch deim Kopf gauh.

’s wachst oim koi anderer Kopf, aber über Nacht oft a anderer Sinn.

Das Auge

Aus de Auga, ausm Sinn.

Die Haare

Die graue Hoar send o it schwerer.

Weaga deam brauchsch dr koine graue Haur wachsa lau.
Die kurze Hoar send glei bürschtet.

Das Ohr

Dau hant d' Wänd Oahra.
Dear isch no it trucka hinter de Oahra.
's Feld hot Auga ond dr Wald Oahra.

Die Nase

An de spitzige Näsa kennt ma die bease Leut.
Dear denkt it weiter, wia d' Näs gauht.
Dear isch beim Näsaaustoila au it z' kurz komma.
Ma muaß oim it alls unter d' Näs reiba.
Nimm de sell bei dr Näs!

Der Mund

Deam sei Maul goht wia a Karfreitegsrätsch.
Dear isch it aufs Maul gfalla (schlagfertig).
Wemma amaul in dr Leut Mäuler isch, kommt ma numma leicht raus.
Wemma ebbes will, muaß ma 's Maul auftua.

Der Hals

Dear hot sein beschta Zug im Hals.
Dös Löchle im Hals, dös koscht mi alls.

Die Hände

Dear schwätzt mit de Händ.

Oi Hand wascht di ander.

Viel Händ machat a gschwinds End.

Wemma deam da kloina Finger geit, no will ’r die ganz Hand.

Dean ka ma um da Fenger wickla.

Der Bauch

A vooler Bauch schafft net geara.

Dear fraugt oim a Loch in da Bauch.

A guater Maga ka Pflasterstoiner vertraga.

Der Rücken

Dear hot en broita Buckel.

Auf deam seim Buckel hot viel Platz.

Der Hintern

Dear hot Wefzga im Hintera (ist unruhig).

Dear tät da Hintra vergessa, wenn ’r it agwachsa wär.

Die Füße

Dear lofft se d’ Füaß no raus.

Was ma net im Kopf hot, muaß ma in de Füaß hau.

Von der Kleidung

Am Häs kennt ma da ganza Menscha.

Außa hui, inna pfui.

Besser a wüaschter Fleck wia a scheas Loch.

D' Hoaffart muaß leida.

's Häs und d' Wänd verdeckt viel Elend.

's Hemad isch miar näher wia dr Kittel.

Liaber ebbes am Krägle wia nix im Mägle.

Seine Mitmenschen

A guater Nauchbaur isch besser wia a weitläufiger Vetter.

Bei deam isch Hopfa ond Malz verloara.

Bei deane isch um und um nix!

Bei deane sagat d' Füx und d' Hasa „Guat Nacht!"

Deam luagat d' Bosheit bei de Auga raus.

Deam stauht's Wasser au scho bis zum Hals.

Deam wear i scho zoiga, wo dr Bartl da Moscht holt.

Deam wear i d' Suppa scho no versalza.

Dean gfreit dr Dreck auf dr Strauß.

Dean sticht dr Habr. (Er ist übermütig.)

Dear gauht dr Arbat ausm Weag, wo's gauht.

Dear haut Gscheidheit mitm Löffel gfressa.

Dear haut's fauschtdick hindr de Oahra.

Dear isch bischtat und gstrählt.

Dear isch it aufs Maul gfalla.
Dear isch miar am Fidla liabr wia dr sell im Gsicht.
Dear isch so gscheid, daß 'r d' Fleah huaschta heart.
Dös isch a Hagabuachener.
Dös isch a so a Sellzogener.
Dös isch a wullener Siach.
Mit deam isch it guat Kirscha essa.
Vor deam braucht ma da Huat it lupfa.

Der Übergescheite

Dear heart 's Gras wachse.
Dear ka d' Gäns melka, wenn's sei muaß.
Des isch a ganz a Siebagscheidr.

Der Dumme

Bei deam fehlt's im obera Stübla.
Dear guckt wia a Schwälble, wenn's blitzt.
Dear haut a Hiara wia a Spatz.
Dear hot's Pulver au it erfunda.
Dear isch domm wia Boahnastroah.
Dear isch dümmr wia d' Nacht finschter.
Dear isch zum Dommsei z' domm.
Es schwätzt koinr dömmr, wia 'r isch.
Gega d' Dommheit isch koi Kraut gwaxa.
Mit de Domme treibt ma d' Welt um.

Der Faule

Deam ka ma im Gauh da Kittl flicka.

Deam sei liabschta Arbet isch, a verreckts Goißle hüata em a eigmachta Zau.

Dear isch geara dau, wau scho gschaffet isch, aber no it gessa.

Dear isch z' faul, daß 'r 's Maul aufmacht.

Des isch a Loimsiadr.

I gang meah, dau stinkt's nauch Arbat.

Der Geizhals

Dear isch net vo Geabahausa.

Dear isch so geize, daß 'r em Teufel in dr Höll d' Hitz net vergonnt.

Dear vergonnt seim Nauchbaur koi guats Weatr zuar Leich.

Der Lügner

Dear liagt so lang, bis 'r 's sell glaubt.

Dear liagt, daß si d' Balka biagat.

Dear liagt, wenn 'r 's Maul aufmacht.

Der Hochmütige

Dear stellt da Grind wia a Pfau.

Dear stinkt voar Hoachmuat.

Dear stolziert drhear wia dr Goggel aufm Mischt.

Die Bösmaulige

Bei dear muaß ma amaul d' Gosch oiges toatschla.

Wemma dear d' Gosch zuanäha tät, no tät se no aus de Nähta rausbäbbera.

Der Arme

Bei deam luagat d' Noat bei alle Klumsa raus.

Dear isch ärmer wia a Kirchamaus.

Dear isch so arm, daß d' Mäus in dr Schublad mit verheinate Auga rumloffet.

Der Leichtlebige

Kommt dr Tag, nau brengt 's dr Tag und luschtig wemmr leaba.

Proscht, proscht, daß Gurgl it verroscht.

Wenn d' Katz futt isch, tanzat d' Mäus.

Dear leabt auf groaßm Fuaß.

Der Dieb

Dear wär scho recht, bloaß seine Fenger send a bissele z' lang.

Dös hot 'r mitloffa lau.

Der Kahlköpfige

Deam isch 's Dächle grutscht.

Deam wachst dr Kopf übers Haur naus.

Derbe Abweisung

Du kascht miar auf Kirweih komme (Götz-Zitat).

Gang doch na, wo dr Pfeffer wachst.

Von schwäbische Liebesleut', Hochzeiten, Witwern und alten Jungfern

A beas Weib und a schlechts Bett, dös ischt a Gfrett.

D' Liab gauht dur da Maga.

Guat ghenkt isch besser wia schlecht verheiret.

Jeder Hafa findt sein Deckel.

Nauch de Flitterwocha kommat d' Gwitterwocha.

Von dr Scheaheit ka ma it rabeißa.

Wear heiret, tuat guat; wear it heiret, tuat no besser.

Wenn's Weib nix isch, brennt 's Haus inna und ussa.

Das schwäbische Kind

Kender und Narra saget d' Wauhret.

D' Speiberla send Bleiberla.

Die verbrennte Kender fürchtn 's Fuir.

Kloine Kender – kloine Sorga; groaße Kender – groaße Sorga.

Scheane Wiagakender, wüaschte Gassakender.

Solang d' Kender no am Rockzipfl hanget, hont d' Eltera die scheascht Zeit.

Wenn de Jonge voarna neigahnt, sobba de Alte hinta naustraga.

Die schwäbische Küche

Guat kocha isch koi Konscht, wemma 's Sach drzua haut.

Zwoi Weiber in ra Kuche dean koin Guat.

Von de Bettelleut learnt ma 's Koche, von de reiche 's Spara.

A kuz Gebeat ond lange Brautwüscht.

Auf a schlechts Fleisch gheart a guata Soß.

Dear haut nei wia a Drescher.

Durs Kraut soll allaweil a bissele a Sau durgloffa sei.

Em a Hungriga isch guat kocha.

Essa und Trinka halt Leib und Seal zema.

's Fidla weard's scho beitla.

's geit nix Bessers wia ebbes Guats.

's Maul kriagt voar de Auga gnua.

Honger isch dr bescht Koch.

I bi so frei und iß für drei!

I nemm glei Vaters Gabel (die Hände).

In der Noat frißt dr Deifl d' Fluiga.

Ma ißt d' Supp net so hoiß, wia ma s' kocht.

Nauch hoikel kommt nix meahr.

Solang 's no Kraut und Knöpfla git, solang verderbet d' Schwauba it.

So wia ma ißt, so schaffet ma.

Was dr Baur it kennt, frißt 'r it.

Schwäbisches Brot

Es sott a jeds learna, wia 's fremd Broat schmeckt.

's Baurabroat macht d' Backa roat.

Mitm nuibachana Broat frißt ma oin arm.

Gesundheit

D' Füaß wara, da Kopf kalt, macht da Ma alt.

's Gsondsei goht übers Reichsei.

Guat Nacht, schlauf gsond ond kugelrond, bis moara früah zuar Kaffeestond!

Krankheit

D' Eibildung macht d' Leit krank.

Liaber 's Geld zom Kraumer traga als in d' Apotheak.

Wear lang huaschtet, leabt lang.

Das Sterben und der Tod

Bei deam isch d' Hebamm nemma schuld.

Die oine sterbet ganz leicht, und manche bringt's schiar um.

Dear goht au bald aufm Buckel in d' Kirch.

Dear pfeift scho ausm letschta Loch.

Dr Toad haut no nia oin vergessa.

Em oina sei Toad isch em andra sei Broat.

Umasoscht isch dr Toad, ond dear koscht 's Leaba.

Bäume

Wenn a Biare reif isch, no fallt se von sell.

Dr Apfel fallt it weit vom Stamm.

Es fallt koi Oich auf da earschta Stroich.

Volkstümliches von den Tieren

A jeds Tierle hot sei Manierle.

Wenn ’s em Esel z’ wohl weard, goht er aufs Eis.

Em a gschenkta Gaul luag it ins Maul.

Jeder Gockaler ischt aufm Mischthaufa Herr.

Oi Schwalb macht no koin Sommer.

Zwoi Hond könnat it an oim Boi naga.

Was d’ Schwoba soscht no so saget

„Aller Afang isch schwer“, hot dr sell Spitzbua gsait und hot en Amboß gstohla.

„Dia Wuch fangt scho guat a“, hot dr sell Spitzbua gsait, wia ’r am Meetig ghenkt woara isch.

„Dös hilft gega d’ Mäus“, hot dr sell Baur gsait und hot sei Haus azunda.

„Dösch isch aber amaul a Eifall“, hot dr Baur gsait, wia ’m ’s Haus eigfalla isch.

„Guat, daß d’ Goiß verreckt isch“, hot ’s Bäuerle gsait, „’s Heu isch so grad gar.“

„Ma muaß dr Sach auf da Grund gauh“, hot dr Baur gsait, nau isch ’r in d’ Mischtgruab gfalla.

Schwäbische Bauern- und Wetterregeln im Jahreslauf

Januar

An Heiligdreikönig (6. Januar) wachst dr Tag a wenig.

Dr Januar muaß kracha, soll dr Früahling lacha.

Tanzat im Januar d' Mugga, muaß dr Baur nochm Fuattr gugga.

An Pauli Bekeahr (25. Januar) isch dr Winter halb hi und halb hear.

Februar

Isch an Liachtmeß (2. Februar) klar und hell, kommt dr Früahling it so gschnell.

Liachtmeß trüab, isch em Baura liab.

Wenn's an Liachtmeß stürmt und schneit, isch dr Früahling nemma weit.

Wenn d' Katz im Februar in dr Tenna leit, muaß se im März meah henter da Ofa.

März

Dr März soll komma wia a Wolf und gauh wia a Lamm.

Dr Märzaschneea tuat de Sauma weah.

Gertraud (17. März) isch de earscht Gärtnere.

Joseph löscht 's Liacht aus, Michel zündt 's meah a (19. März und 29. September).

April

A nasser April isch ’s Baura Will.

Aprilareaga isch em Baura sei Seaga.

D’ Aprilabutza brengat de Felder Nutza.

Dr Aprilaschneea dungat.

Hosch am Irgadag (23. April) no it gsät, tua nimma gar so gstät.

Mai

Pankrazi, Servazi, Bonifazi send drei frostige Bazi, und am End fehlt nie die kalte Sophie (12., 13., 14., 15. Mai).

Wenn Servatius vorbei, kommt dr Sommer langsam rei.

Viel Gwitter im Mai, schreit dr Baur: „Juchhei!“

’s Pfengschta isch dr Tag am längschta ond ’s Brot am klemmschta.

Wenn’s am heiliga Tag ’s Pfengschta renglat, renglat’s sieba Sonnte.

Juni

Juni mehr trocka wia naß, füllt mit guatem Wei ’s Faß.

Wenn’s im Juni viel reagnet, isch dr Graswuchs it gseagnet.

Wenn dr Holder voar Johanni (24. Juni) blüaht, no isch d’ Erat voar Jakobi (25. Juli).

Peter und Paul (29. Juni) beißt em Koara d’ Wurzla a.

Dr Peter keglat geara.

Juli

Im Juli muaß brauta, was im September soll grauta.

Wia d' Muattr Gottes übers Gebirg numgauht, so gauht s' meah rum (2. Juli Mariä Heimsuchung).

A Juli-Gwitter isch guat für Winzer und Schnitter.

St. Kilian (8. Juli), der heilig Ma, stellt die earschte Schnitter a.

August

Reaga an Maria Schneea (5. August) tuat em Koara weah.

Dr Laurenz (10. August) schlät de letschte Störch auf d' Schwänz.

Wenn's an Laurenze renglat, nau geit's en schlechta Hörbscht.

Wia si dr Bartholomäus (24. August) hält, isch dr ganz Herbscht bstellt.

September

Was dr Auguscht it kocht, ka dr September nimma brauta.

Im September viel Schleah, im Dezember viel Schnea.

Mariä Geburt (8. September) keit da Sauma furt.

Am Michaeleta (29. September) tuat ma d' Äpfel ond Biera ra.

Dr Michel zündt 's Liacht a.

Oktober

Oktober und März gleichet si allerwärts.

Viel Reaga im Oktober, viel Wend im Dezember.

Oktober-Sonnaschei schüttet Zucker in da Wei.

St. Gall (16. Oktober) treibt d' Kuah in Stall.

An St. Gallate muaß jeder Apfel ra.

St. Ursula (21. Oktober) zoigt auf da Winter hi.

November

Bringt Allerheiliga (1. November) en Wenter, no bringt Martine (11. November) en Sommer.

Nauch Martine gspaßt dr Winter nemme lang.

Kathrei (25. November) stellt da Tanz ei.

Sankt Kathrei lockt d' Henna rei.

Um d' Zeit von St. Kathrei wintert's geara ei.

Dezember

Wenns net fescht winterat, geits koi guats Jauhr.

Hella Chrischtnacht, fenschtere Städel.

Weihnächta im Schnea, Oschtera im Klea.

Greane Weihnachta, weiße Oaschtra.

Heit isch Silvester, morga 's nui Johr, wenn d' Weiber guat kochet, nau geit's a guets Johr.

Dr Sylvest (31. Dezember) ischt im Jauhr dr letscht; wär 'r it so gsprunga, wär 'r it in Kalender komma.